陈珺珺 著

中学数学
建模思维导学

上海社会科学院出版社
SHANGHAI ACADEMY OF SOCIAL SCIENCES PRESS

序言

上海市实验学校是上海唯一一所学生可以从小学到高中十年制完成学业的学校.校长优秀、学生聪慧、教师敬业.由于该校学制十年,对于作为必修课程的数学,有与众不同的校本化的设计和实施.而对于优秀学生的培育除了数学必修课程的学习以外,学校还设计了丰富多彩的选修课程,数学建模就是其中一门选修课程.陈珺珺老师长期担任高中数学教学,是上实教育集团数学建模首席教师,面向初、高中学生开设了数学建模选修课程,对数学建模她有切身的体验和认识.由于数学建模活动与常规的数学学习有不同的学习方式,并且目标也不同,对学生的数学学习要求和学习方法也不同,学生对数学建模也有不同的认知,为了更好地开展数学建模活动,根据教学实施中发现的问题,陈珺珺老师撰写了本书,尝试让有兴趣参加数学建模活动的学生较为系统地了解数学建模活动的意义、一般的流程、建模的过程,以及如何克服过程中可能出现的偏差和问题.

上海的数学课程教学改革已进行了三十年,在实施新课程、新教材以及在倡导基于数学核心素养的教学当下,陈珺珺老师的这本书为我们打开了新的视野,特别是对于数学建模活动的开展,我们还只是在起步阶段,虽然上海已有两本数学建模的教科书,但还不能完全满足各个学校的需求.陈珺珺老师以及上实教育集团数学建模教师团队金一鸣老师、郭鸣俊老师等先行一步,积累了丰富的案例和资源,这些经过实践检验的资源和案例,可为我们上海的高中数学教师和学生开展数学建模活动提供可参考、可实施的教学资源,也能进一步促进师生对数学建模、数学探究与实践活动等的关注.

陈珺珺老师在数学课堂教学中有其特点,如教学严谨,思维缜密,表述清晰,规范要求.本书的撰写风格也能反映陈老师的教学特点,结构化设计,从学生的学习出发,设计细节,依据学生的认知和思维特点,尽可能将复杂的数学建模过程通过一个问题逐步展开,让读者经历从问题的提出、假设和明确问题、建立和简化数学模型、运用数学模型求解问题、对结果的分析和改进模型、形成结论的整个过程,并将数学建模的各个环节独立成章,让读者可以根据需要选择性使用,每章最后还有练习与思考,为学习者提供了充分的学习资源.

本书中所举的案例和问题、所列出的需要经历的步骤以及提供的相应资源一定是经历了漫长的研究和实践过程,在此过程中陈珺珺老师是一个有心人,将其所思所想积累整理成册,相信本书能为高中数学教师和学生在数学建模活动中提供一定的借鉴和参考.

上海市正高级教师、市教研员

黄华

2023 年 3 月 14 日

目 录

序 言 ·· 1

概 览 ·· 1

1. 什么是数学建模 ·· 3

2. 使用数学建模探究课题的基本流程 ······································ 10

3. 开始共同探究一个问题 ·· 18

4. 通过假设和定义明确问题 ··· 20

5. 抽象数学关系以建立模型 ··· 29

6. 尽可能简化数学模型 ··· 36

7. 应用数学模型求解问题 ·· 44

8. 对数学模型及其结果的分析与补充 ······································ 54

9. 归纳结论 ··· 64

结束语 ·· 67

练习与思考范例解答 ·· 68

概览

本书旨在面向尚未接触，抑或刚刚浅显地接触到数学建模的中学爱好者们，提供数学建模的入门指导．本书假定读者已具备高中数学及其他高中必修学科的知识储备，并且在这些初等数学知识储备前提下，为读者提供数学建模思维导学．

在大部分章节中，本书试图带领读者共同完成一次具体的数学建模课题的探究历程，从阅读问题开始，到得出结论为止．纵观全局，尽管数学建模似乎是一件很宏大的工程，但是一旦经历它的每一个细节，读者就能够体会到数学建模也是由一个个简单的步骤构成的．

但在这一切之前，我们仍有必要了解一下数学建模的本质和探究问题的基本流程，也就是说，了解这个名词及其相关事物的概念，弄清楚接下来我们要做什么，才能把这件事做好．这样，在我们共同探究完成一个数学建模的课题之后，我们可以很清楚自己做到了些什么，局限又在哪里，哪些东西被省略掉了，等等．

本书希望读者在与我们共同探究这个数学建模问题的过程当中，能够将书中的思考当作自己的思考，将得到的结论视为自己的成功——尽管这些并非真正的自己的成就，但亦可将它留作心底的喜悦．如果可能，将这些思考、这些成功当作阅读了一本手工艺品教程的过程中自己做出来的珍宝，或者当作阅读了一本编程书的过程中按照书中的每一行代码自己敲打出来的能够运行的有趣游戏．

每个章节结束的时候，我们就完成了这个数学建模课题的一个阶段性的任务．章节最后会有一些依托于其他问题背景下的思考或者习题，以供读者进行相似问题的练习.尽管本书最后附有所谓的练习参考答案,但事实上这些练习并没有一个标准的解答,参考答案仅仅是给出一个思路上的建议.

数学建模的本质与探究问题的基本流程 → 一个数学建模问题 → 分阶段共同完成该问题的数学建模完整过程 → 阶段练习 → 总结回顾

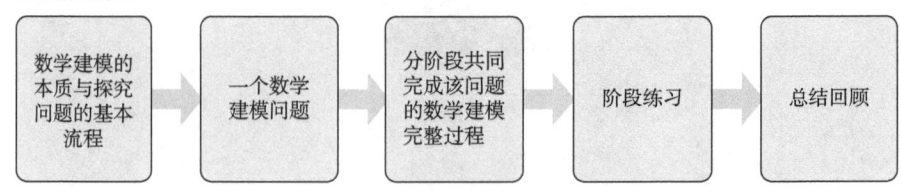

图 1　概览

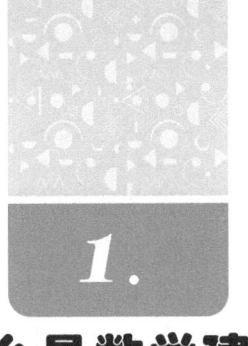

1. 什么是数学建模

尽管数学建模是近年来越来越火的一个词,但也许很多人并没有认真思考过如何理解这四个字. 所谓建模,简单来说其实是"建立模型"的简称. 数学建模,即以数学方法为"材料",对研究的问题建立一个模型. 对于已经对数学建模有一定了解的读者,可以选择性地略过本章节的内容.

1.1 模型的概念

说到模型,其实最有直观认识的应当是航模这一类实物模型. 模型并非实物本身,但是通过模型可以在不能或不必展示实物本身的情况下向外界传递一些实物具有的重要特征.

图 1-1 军舰模型

比如军舰模型这类航模,本意在于表现出船只的外观与配件部署,重要特征包括配件相对位置关系和尺度比例,而实际大小和功能则在模型中被省略. 又如建筑的桁架结构模型,主要表现出建筑的主体结构与比例关系,并且可以让专业参观者从中分析出建筑的大致受力情况,而外观则无需表达.

随着科技的发展,为了展现这些实物的部分特征,我们甚至可以不用一个实物去代替展示另一个实物.计算机技术可以让我们使用虚拟数据来表达我们想要传递的信息.比如上述的军舰和建筑结构两个模型,其本身大多是使用塑料材料制作而成的缩小比例模型,但其实塑料这种材料并没有传递任何信息,同时封闭的结构也使得物体内部的信息无法被展示出来.计算机的3D模拟可以在不使用任何材料的情况下,动动鼠标,就能够从屏幕上获取对应实物具有的特征信息,包括其内部的样子.

图1-2 克莱因瓶实物模型

除了模型表现手法,模型代表的实物本身其实也可能是看不见摸不着的,甚至是不存在的.例如高中物理中的磁场,这是看不见、摸不着的,但是"场"作为物质存在形式的一种,是真真切切存在着的.而我们用磁场线这一模型去描述它,从中传递出磁场各处强度、方向等信息.又比如拓扑学中的克莱因瓶(有兴趣的读者可以自行搜索了解相关内容),它是现实中不存在的东西,只是一种数学概念,但是我们却通过虚拟方法甚至是实物模型表达出了它包含的重要特征.特别是实物模型,虽然它本身并不满足克莱因瓶的定义,但是却是在表达出克莱因瓶重要特征的情况下,仅包含了一些多余的可以被观察者忽略的瑕疵.

所以说模型是信息的载体,是为了向受众形象地表达特定信息而设计的工具. 建模不是目的, 不是结果, 而是载体和工具.

1.2 使用数学方法

数学建模, 即以数学为载体形式, 设计模型. 这个模型既不是塑料的, 也不是以计算机中的数据文件呈现的, 而是基于更为抽象的数学内容. 当要表达的事物的核心信息是数学关系的时候, 使用数学作为构建模型的材料自然是再正常不过的了. 抑或事物的核心信息虽然不是精确的数学关系, 但是却能够用数学关系去近似地表达, 那么此时使用数学作为材料构建的模型将更加简洁抽象, 并且具有良好的可扩展性——这是指能够用数学工具做进一步的修正或验证. 同时这种数学的近似猜测模型也有助于人们分析问题背后的本质原理.

数学作为最古老的工具学科之一, 当然语言是另一项古老的工具, 它们共同作为信息的载体, 能够极其有效地传递内容. 这正是我们选择数学作为那么多构建模型的"材料"的原因. 所谓有效, 很大一部分在于数学使用了尽量少的符号, 表达了尽量多的信息. 数学抽象出了事物最核心的内部关系, 再少一点都会显得不完整, 但再多一点又都显得冗余.

1.3 数学建模的例子

从一些例子中我们可以看出数学建模在生产生活中的应用之多, 同时这也正是由于数学模型表达信息的效率之高.

首先以一个复杂的经典公式作为例子. 在流体力学当中, 常用纳维－斯托克斯方程(一般形式)

$$\rho \frac{Dv}{Dt} = \nabla p + \rho f \qquad \text{式 1.1}$$

来描述流体的行为.

这个例子在此处并不需要读者理解这个数学公式的意义, 恰恰正是读者对这个公式的不理解反映了大多数人对于数学建模的第一印象. 实际上, 读者不能理解这个公式是再正常不过的了. 对于一个没有高等数学基础、没有学习过流体力学的中学生而言, 这个公式中的大多数数学符号是不能理解的. 但正是这些以高等数学为基础的数学模型描述, 驱动着当今的航空航天事业的发展, 夯实了飞行技术的理论基础.

在这个纳维－斯托克斯方程的例子中,每个符号都有它的数学含义,尽管我们现在不理解它,但并不妨碍它已经满足了它作为数学模型的概念.另一方面,我们也能够看到,这个模型所使用的数学符号很少,总共仅仅13个字符,包括读者看得懂的加号、点乘号、等号和分数线(对于读者而言,这几个符号成功地表达了各自蕴含的信息).对于一个接受过相关训练的科研人员来说,这个仅仅含有13个字符的公式蕴含了非常大的信息量.因此,从这个例子可以看出,数学模型使用数学方法简洁地表达出所有目标信息的典型特点.

或者我们也可以看一个并不是那么难懂的例子.在材料力学中,矩形横截面材料关于横截面水平方向的惯性矩公式为

$$I = \frac{bh^3}{12}$$

式 1.2

其中 b 为横截面的宽, h 为横截面的高.

这个关于材料力学的数学表达式广泛应用于建筑工程.对于这样一个公式,至少读者是能够理解这个公式只是简单的乘法、乘方、除法和一个常数的组合.尽管公式之前的"矩形横截面材料关于横截面水平方向的惯性矩公式"这一长串文字的描述在没有学习过相关课程之前是无法理解的,但从中不难发现,这样一个数学模型蕴含的信息超过了我们的认知,它在我们眼里看起来更简洁了,至少它的数学部分是可以理解的,但是对于各个符号的含义的认识仍有缺失.所以,数学模型可以比之前想象的更加简单,但是与此同时,各个为符号所赋予的意义也同样是数学模型中重要的一部分,是数学模型传递信息的重要一环.

数学模型其实可以更加简单.例如"这是一辆26寸自行车",这句话当中已经蕴含了一个简单的数学模型.26寸代表自行车轮胎的直径,并且使用英制单位英寸,而直径这个概念是圆所具有的,由此暗示自行车轮胎是一个圆形.这似乎是一句无意义的话,但事实并非如此.自行车轮胎是一个实物,而圆是一个数学几何概念,轮胎不等于圆.人们已经默认了这样一个数学模型,即可以用几何中圆的概念来表示自行车轮胎,因此26寸这个数据即可表达出轮胎的主要特征信息.同时,人们默认自行车总有两个轮胎,表示出了轮胎的直径就表达出了这辆自行车最简单的整体信息.其中"自行车由两个轮子构成"是一个非数学模型.在这个模型中,圆这个几何概念是几千年来人们从相似的形状中抽象归纳得到的数学模型,并且在今天演绎应用到自行车的信息表达上.

的确,数学模型的应用是非常广泛的,因为数学本身就是一件如此古老而强大的工具.在科学的尖端前沿有数学模型,在生产生活中有数学模型,在日常对话中也都隐含着数学模型.它比想象的更加常见.同时,中学生其实也已经接受过很多数学建模的训练,只不过它以另外一个名字出现在数学课本上——数学应用题.是的,应用题其实是数学教学中最简单的数学模型的应用,略微复杂一些的则是包括其他学科的例如物理学科的常规定理和习题.匀速运动的路程问题使用了数学中的一次函数作为模型,银行存款利息问题使用了数学中的等比数列作为数学模型.这些数学概念在试卷上也许只是以符号的形式呈现着,但它的背后完全满足数学模型的概念,它们是中学阶段数学模型出现最多的地方.

1.4 数学建模的意义

从以上的一些例子可以看出,正是由于数学模型的意义非凡,才造就了数学建模的意义重大.

数学模型应用范围广,其在科研领域能够作为一项工具简洁地表达大量信息的特点满足了科研交流的需求.同时,数学模型将实际问题转化为数学问题,通过数学手段求解以后,再映射到实际背景中,大大提高了科学研究和解决问题的效率.毕竟在现代科学界,数学的发展是远远领先于其他学科的,转换为数学问题的求解往往是更加便捷的.这里不是指数学的研究价值领先于其他学科,而是指数学的研究成果往往能够作为其他学科将来研究的基础工具,然而最新发现的很多数学结论由于尚没有应用于其他学科,而显得这些理论结果似乎毫无用武之地.而当其他学科真正建立了数学模型,并将数学理论应用其中的时候,相关数学理论常常已经发展得相当成熟,相关问题的求解就显得简单快速了.例如初中的物理教材中大多只是应用了小学数学知识,而高中物理大多只应用了初中数学知识.

另一方面,数学模型是需要人为建立的.任何一个公式都是需要人类去发现的,需要由人发现并给数学表达式赋予意义,它才能被称为一个数学模型.因此在这里,数学建模指的是建立数学模型的能力,而这种能力对于每一个有志于探索未知的人而言都是无比重要的.在时间的长河中,只有那些最准确的、最简洁的、最接近事物本质的、最美的数学模型,才会被人们称为公式、定理,成为科学经典.

1.5 练习与思考

1. 以下例子是不是对事物建立的模型？是不是数学模型？
   (1) 窗户长2米，宽1.5米.
   (2) 使用乐高积木搭建的房子.
   (3) 某班级全体学生的姓名、学号表格.
   (4) 时钟显示现在是八点整.
   (5) 松树和银杏都是树.
   (6) 万有引力定律.
   (7) 这盘宫保鸡丁很香.
   (8) "鼠"标(mouse).
   (9) $y=2x+3$.
   (10) 某国10年来年均GDP增长率为7%.
   (参考解答：第68页)

2. 小郑同学尝试使用数学建模方法研究烹饪温泉蛋. 温泉蛋的蛋清和蛋黄均为不透明的半流质状态，其中一种做法是将鸡蛋泡入刚煮沸的水中若干分钟，然后取出自然冷却若干分钟. 小郑查询文献得知：蛋清从70℃开始凝固(半流质)，82℃时完全凝固，而蛋黄从64℃开始凝固(半流质)，72℃时完全凝固. 小郑认为，影响温泉蛋形成的因素有热水浸泡时间和冷却放置时间，并通过实验得到了部分数据如下表所示. (根据食品卫生建议，鸡蛋应当完全煮熟食用)

表1-1 影响温泉蛋形成的热水浸泡时间与冷却放置时间部分数据表

热水(90℃以上)浸泡时间	冷却放置时间	蛋清状态	蛋黄状态	是否为温泉蛋
5分钟	7分钟	透明	流质	×
6分钟	5分钟	透明	流质	×
7分钟	4分钟	半流质	半流质	√
7分钟	3分钟	半流质	半流质	√
7分钟	2分钟	半流质	流质	×
8分钟	3分钟	凝固	半流质	×
8分钟	2分钟	凝固	半流质	×

(1) 你认为小郑对温泉蛋形成影响因素的猜想是否正确？你认为影响温泉蛋形成的因素(还)有哪些？试将各个因素量化后，建立数学模型，猜想并写出满足怎样的不等式(组)时，会成功得到温泉蛋？

(2) 试对蛋清和蛋黄的状态分别建立数学模型，猜想并总结分别满足怎样的不等式(组)时，能够得到9种不同的鸡蛋状态？

(参考解答：第70页)

2. 使用数学建模探究课题的基本流程

读者必须认识到,数学建模只是工具,那么仅仅是数学建模是不能解决问题的.数学建模只是解决问题过程当中的一步.读者需要有一个简要而完整的画面,以明确数学建模处于探究课题的过程中的位置.

事实上,文中所提到的基本流程在真正的课题探究当中并非总是一帆风顺的.人们经常会遇到一些研究上的困难,或者因为拓展研究的需求,研究工作会回退到前一个或者更早的步骤上去,这些都是为了让研究工作更加严谨,更加科学,更加接近答案.

2.1 发现问题

读者应当不止一次从各种名人名言或者讲座中了解到科学发现的进程当中,发现问题几乎是最为重要且困难的一步.毫无疑问,本书也是极为赞同这点的.

如今,当我们计划对一个问题进行探究的时候,问题的来源通常包括以下几个方面.第一,例如数学建模竞赛中,也是这本书主要讨论的情况之一,问题通常是由主办方提供的.很多比赛往往提供多个题目以供参赛选手选择,而选手也往往根据自己的兴趣、擅长领域甚至可能包括参赛策略来决定将要探究的问题.应试中的数学应用题型也属于这种情况.第二,一个更加理想主义的情况,只是在日常的生活中突然发现了一个问题,然后仅仅因为兴趣而打算研究它.这在 20 世纪科学技术大爆炸的历程中比比皆是.探究这类问题的环境往往是自由的,纯粹基于兴趣而不受任何外界环境压力.如今在我们的学习当中,有时也能偶尔遇到对这种问题的探究,比如一个本就对化学感兴趣的同学因为看见互联网上的某一个五彩斑斓的化学现象,而搜索自学相关知识,尽管这些学习的持续时间往往都相当短. 第三,当代的科学研究也往往为了研究一个问题而去凭空寻找另一个问题. 正是由于我们现在仅仅通过生活现象发现的问题很多都已经有了解答(并不是全部),使得因为偶然观察到现象而凭兴趣研究问题的机会越来越少(另一方面现代生活的压力也难以支持我们长时间地仅仅在兴趣的支持下研究问题),科学研究已经从 19 世纪的业余活动变成了 21 世纪的专业工作. 因此作为科研人员的工作,人们就是需要研究一个问题. 为了解决问题而去寻找的问题,通常又有几个不同的来源. 可以是来源于指导教师、同行、上级的任务布置,这就和第一种情况的命题问题类似了,但是这些任务本身也是由某种渠道而获得的待研究的问题;或者问题也可以是来源于企业、军队、政府的需求,无论是哪一方联系沟通哪一方,这类课题也称作横向课题;再或者问题还可以是来自文献,这种来源往往要求研究与阅读学习了大量的相关领域的学术文献,并且已经对相关知识几乎全部都有所了解,真正走进了相关知识的科学前沿,到达了科学的未知地带. 站在人类已知知识的边界之处,可以说这时候到处都是值得探究的问题了.

2.2 搜索文献

通常,当我们确定了将要研究的问题时,搜索文献是接下来非常实用的一步.

搜索文献的目的有很多. 将要探究的问题是否已经为前人所解决? 如果已经有人解决了这个问题,那么他的解决方案是什么,有没有可改进之处? 如果没有人解决过这个问题,那么有没有人解决过相关的边缘问题,可以对这个问题有所帮助? 或者解决了这个问题但是是否引申出了新的问题?

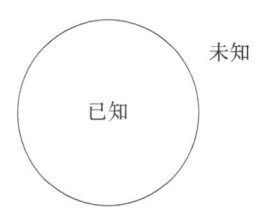

图 2-1 已知的越多,能看到的未知也越多

在搜索文献的过程中,问题被不断细化,或者也有可能被改写. 正如

一个人的知识若是被比作一个圆内的所有点，那么这个圆的边界（周长）就是他能够看见的自己的未知．圆的面积越大，圆的周长也越大．正所谓知道的越多，发现自己不知道的也越多．

对于中学生而言，最基础的搜索文献的方法莫过于通过搜索引擎进行搜索．通过网络寻找知识，是当前时代最快捷的方式．选用合适的关键词，从搜索结果中筛选恰当的信息，高效浏览网页或者文档，都是搜索文献的基本技术．当然，传统的图书馆也不能舍弃．了解图书馆的图书分类往往有助于找到更加专业的参考文献．若是将搜索引擎和图书馆结合，自然就是电子图书馆了．互联网上有许多整合了学术文献的电子数据库，是快速寻找专业文献的好去处．

对于寻找到的文献，另一项重要的技能是判断文献的价值，这也是信息筛选工作中的一部分．通过搜索引擎，例如可以从百度或者必应的搜索页面上获得新闻结果、电商广告或者是百科词条的结果，哪些结果是可信的，哪些结果是值得点击的，这都是需要搜索者自行判断的．图书馆中查阅到的报纸新闻、博士论文、会议报告或学术杂志也需要筛选阅读．而从电子图书馆，例如万方数据库或中国知网等查阅到的文献，也可能是相同或不同的．正是由于这些区别的存在，选用合适高效的方法搜索文献，快速判断文献价值，选择学习文献内容，成为搜索文献技巧中的重要内容．

最后，快速阅读学习文献内容，根据文献内容提炼新的关键词进行新一轮的文献搜索，不断重复这些步骤，直到能够明确要探究的问题与假设．

2.3　明确问题与假设

所谓明确，就是指问题已经足够细化，并且确定这是一个前人并没有研究过或没有以相同方法研究过的问题．而明确对问题的假设，正是这些问题细化的细节的很重要的一部分．严格来讲，计划研究的问题，只要比其他人公开发表的研究至少有一个细节不相同，这个问题就有研究的价值．

研究方法的不同是很好理解的，包括但不限于实验法、观察法、调查统计法、数值模拟法、逻辑推导以及各方法的整合、方法细节的不同，等等．相对而言，对问题的假设是更复杂的．所谓假设，即在没有任何确凿证据的情况下，根据经验与观察或者一些逻辑推导，在尽量不影响真实情况的前提下，对问题附加一些条件，使得问题的探究变得更为简便．尽管问题的假设是以尽量不影响真实情况为前提的，但是事实上这几乎不可能．那么对于问题研究的一个重要追求就是将问题的假设尽量修改以接近于真实情况，甚至尽量减少对问题的假设，直至追求的完美情况．也就是说，在毫无任何前提假设的情况下得到问题研究的结论．

  在高中的物理习题中可以找到一个经典的问题假设系列．高中物理知识中并不要求掌握有关空气阻力的问题，因此在最简单的一些题目中大多是假设"空气阻力不计"．这个假设合理是因为它符合生活常识，完全不依赖于任何严谨的逻辑．生活中，空气阻力总是明显小于其他形式的阻力，可以很合理地忽略掉．进一步地，在一些题目当中，题设会指出假设"空气阻力恒定"，或者更进一步假设"空气阻力与速度成正比"．这个假设在物体运动速度变化范围较小时是能够比较好地吻合实际情况的．在科学的发展历史上，我们对空气阻力的作用机制尚不了解的时候，也一定是这么假设过的．这只是一种猜想，只是因为在忽略空气阻力的情况下，我们已经解决过一遍问题了，因此我们开始尝试考虑空气阻力的影响，以期得到更加精确的结果．尽管我们现在知道这两个假设是不完全符合事实的，但是相较于忽略空气阻力，它确实能够得到更加好的结果，同时也不至于将问题变得过于复杂，因此这个假设无论从出发点还是结果来看都是合情合理的．再后来，由于人们在空气阻力问题上通过实验得到了一些确切的结论，因此在一些问题的研究上，假设了"空气阻力与速度的平方成正比"．这是典型的由于相关学科的进步结论而导致的进一步的假设．很显然，更符合事实的假设会得到更符合事实的结果．尽管这一假设大大增加了问题的复杂性，但是，简单假设前提下的问题已经被研究过了，而更接近真实情况的研究不就是人类科学所追求的目标吗？事实上，空气动力学中对于空气阻力的表述已经更加完整，将来也一定会越来越精确，相关问题的研究也会根据实际情况选用合适的假设，这里不再展开赘述．

2.4 数学建模

  从这里开始，就是解决具体问题的阶段了．
  对于每一个具体的问题，并非总是要使用数学建模这项工具来解决．这是读者必须明白的，不能被数学建模固定了思维．不过本书还是仅限于讨论使用数学建模解决问题的情况，因为这项工具确实非常强大．

数学建模的核心过程就是将实际问题转化为数学问题,赋予变量以意义,将实际问题当中的各个因素用数学关系表达出来.同时,进一步化简模型也是必要的.具体过程将在后续章节中详述.

2.5 求解模型

建模是工具,工具最终要用来打造产品、作品、艺术品.求解模型就是得出最终结论的第一步.

既然数学模型已经将实际问题转化为数学问题,那么求解模型就是求解这个数学问题了.一般地,求解数学模型有解析求解和数值求解两种主要思路.通常,能够求得解析解是更加有价值的,而数值求解常常是用于解析解无法求得的时候,在计算机的帮助下,求得近似解以至少满足实际所需的替代方法.中学生读者非常有必要牢记数学建模解析解与数值解的这种关系,因为现代的计算机性能非常强大,使得我们常常能够轻松得到数值解而懒于进行更多的数学推导,这是不值得提倡的.

与此同时,中学生读者们可能也受限于高中数学知识所学,对于通过数学推导求解析解通常都会遇到许多困难.因此,在实际问题的研究中,常常遵循着循序渐进的原则.即先在一定假设下,将问题足够简化来求得解析解,然后不断地修改假设,将问题复杂化,在这个过程中求解解析解的难度越来越大,直到超出自身的数学能力范围,再着手使用数值解法.当然,也不排除一些问题在最简单的假设情形下仍需要使用数值解法.

再者,之所以数学建模在中学阶段的应用、练习和教学远少于大学,另一个原因就是中学生不仅会在求解析解的时候受限于自身的数学知识,在求数值解的时候也更会受限于自身的软件使用技能和编程能力.因此进阶的数学建模学习离不开编程技术的学习.入门读者若有兴趣在数学建模方面有更深的探索,则应当规划学习一些主流的数学建模编程技术了.这里简单介绍一下.第一,在高中的信息技术学科中,可能学习过 Visual Basic 语言,那么将这项编程技术应用于数学建模将是一个低成本的选择.但同时,VB 语言可以学习得更深,在数值求解某些问题的时候,高中知识点的编程能力可能无法满足需求.第二,数学建模领域常见的 Matlab 软件的应用,其功能强大,应用面广,学习收益较大.相同类似的语言还有 Fortran 语言,其对科学计算的契合度较高,学习成本也是中等程度,是在中学阶段较少见但同样会在大学阶段能有较好延续性的一门技术. 第三, Microsoft Excel 的功能同样不可小觑. 批量公式计算在机械处理海量数据的时候非常高效. 若是能学习其内置的宏编程, 那么 Excel 也将同样能够完成几乎所有 VB 语言与 Matlab 语言能够完成的任务, 但代码实现要复杂得多. 第四, C/C++/C♯ 语言相当于 VB 语言的升级版, 能够做的事情更多, 或者明确地说, 它必然能数值求解任何一个数学问题. 在处理极度复杂的任务时也能更自由地编写, 但缺点亦是明显的: 任何任务都需要从底层开始编写, 代码量巨大, 学习成本也非常高. 其他选择也有很多, 例如 Pascal 语言对于参加过中学信息学竞赛的同学而言可能是一个低成本的选择; 对于编程需求不强的任务 Mathematica 可以方便地自动推导出许多解析解; PHP 和 Python 语言学习快速, 功能强大, 是介于 VB 语言和 C++ 语言之间的一种选择, 等等.

2.6 分析结果

数学建模将实际问题转化为数学问题求解, 解得的数学结果亦要通过模型的解读才能变成实际问题当中的实际意义. 这是分析结果步骤的核心内容. 同时, 无论是解析解还是数值解常常会和实际情况有所区别 (当然若是在技术条件所允许的实验精度下, 完全一致的话将是最为完美的结论了), 对数学建模求解的结果和实际数据进行比对, 可以对结果误差的产生原因进行猜测, 对后续的问题研究提出设想. 时间精力允许的情况下, 课题研究将在这里循环返回 "明确问题与假设" 的步骤, 重新优化数学模型, 以期得到更好的问题求解结果. 这些都是对未来的问题研究作铺垫的工作. 更多内容将在后续章节中详述.

2.7 撰写论文

其实至此, 一个问题已经完成了其研究的核心过程. 但是撰写论文及后续步骤仍然被默认为探究问题的基本流程之一, 这是因为论文的功能虽然不是研究问题, 但其体现出的学术记录与交流的功能能够为其他未来的课题的探究带来巨大的便利——之前搜索文献这一步骤正是基于前人的所有研究都撰写了论文并且发表这一前提.

第一, 撰写论文的核心原则就是论文的目的是让他人看懂整个研究过程, 在大多数情况下要允许他人能够通过学习该论文重复论文作者的研究.因此论文要足够详细,涉及研究过程中的每一个必要的步骤.论文还需要以文字为主,切忌堆砌公式、图片,喧宾夺主.中学生很容易落入凑字数、凑篇幅的错误心态之中,需要扎实锻炼写作的能力.同时作为问题研究本身,公式和图片对于研究的过程结果也极具代表性,能够非常轻松地搭建出论文框架,中学生也由此容易落入缺少文字的坏习惯当中.第二,论文还具有明确研究结论的功能以及阐述证明结论正确的功能.因此,论文要将结论性的东西放在摘要中,论文正文的绝大部分内容要为结论服务,除了对于最终正确结论产生了引导性影响的可以适量提及外,研究过程中走的歪路、犯的错误大多都不应当写入论文.诚然在研究过程中,大家都难免犯错,甚至在早期建模过程中在犯错中花的功夫比在正确道路上花的功夫还多.将这些错误写入论文确实能够体现研究过程的辛苦——但是这并非论文的目的.论文中是不需要体现研究过程的辛苦的.第三,论文应当明确参考文献和引用.特别注意应当根据参考文献格式规范来撰写.

在论文撰写顺序方面,通常先搭建目录框架,再填写正文内容,最后撰写摘要与关键词,可以快速高效地完成论文.

2.8 发表结果共同学习

对于大多数科研课题而言,完成论文之后,将其发表可以供学术界进行交流,促进相关学科的发展.特别地,对于参加数学建模竞赛的论文,该步骤则对应着将论文交予竞赛评委会.作为一个流程性步骤,应遵循论文发表的规范流程或数学建模竞赛的规定流程,这里不作赘述.

2.9 练习与思考

1. 影响猪奔跑速度的因素有哪些?估计或查阅资料找出猪的奔跑速度.体会解决问题的完整过程,并撰写一个微报告来陈述你的学习结论.
(参考解答:第 73 页)

2. 生活中,计时沙漏或者搅拌面粉的声音很小,几乎察觉不到;击打拳击沙袋发出的声音沉闷;而当作乐器使用的沙锤声音明亮且响亮;风铃发出的声音清脆悠扬.可见对于聚集较大数量的固体颗粒物,在外力扰动下所产生的声音受到许多因素的影响而呈现出不同的声音特性. 大胆猜测：较大数量的固体颗粒物，在不同容器及不同外力扰动下所产生的声音受到哪些变量的影响？通过一些实验来听音观察，尝试定性描述这些变量与声音特性变量的关系. 尝试通过对固体颗粒物物理性质或容器物理性质或不同外力扰动的物理描述及其猜想出发，提出这些变量与声音特性变量的函数关系，尝试写出表达式（使用字母变量来代替你无法确定具体数值的一些常数），体会解决问题的完整过程，并撰写一个微报告来陈述你的学习结论.

(参考解答：第 74 页)

3.

开始共同探究一个问题

从本章节开始,我们将针对一个具体的问题,把数学建模作为工具,开展细致的探究. 从这里开始,读者可以了解探究一个数学建模问题的思路过程和具体操作,从实例中学习数学建模的基本入门.

3.1 问题

对于一副扑克牌,需要几次洗牌才能将其洗匀?[1][2][3]

图 3-1 鸽尾式洗牌法

---

[1] 方文阳,知乎. 要洗多少次牌才能把牌彻底洗开? [EB/OL]. (2014-11-01). http://www.zhihu.com/question/21503093.

[2] David Aldous, Persi Diaconis. Shuffling cards and stopping times[J]. The American Mathematical Monthly, May, 1986, 93(5).

[3] Dave Bayer, Persi Diaconis. Trailing the dovetail shuffle to its lair[J]. The Annals of Applied Probability, 1992, 2(2): 204-313.

3.2 问题背景

这个问题源自珀西·迪亚科尼斯(Persi Diaconis)的一系列研究. 珀西·迪亚科尼斯是一位美国数学家及魔术师,擅长于数学随机问题的研究. 他于1992年发表了题为"Trailing the Dovetail Shuffle to Its Lair"的论文,阐述了对这个问题的研究及重要结论.

珀西·迪亚科尼斯发表了该问题的相关结论之后,社会媒体亦对该问题有所关注. 正是因为这个问题源于生活,又简单有趣,能够被普通百姓所解读,其背后的数学建模原理也有一定深度,本书选择该问题作为与读者共同探究的问题.

3.3 动手观察与实验

拿一副扑克牌,动手做做实验,通过真正的洗牌思考洗匀一副牌到底需要几次洗牌. 如果扑克牌的数量改变,变得更多、更少,或者极端地少,这个问题的答案将是什么呢?

数学建模是工具,是用于解决问题的手段. 始终不要忘记实践是检验数学模型准确性的最终标准,纸上谈兵终有局限,通过实验与观察来探究问题向来是解决问题的首选途径.

4.
通过假设和定义明确问题

很多数学建模问题就如同实际生活中的或者工程应用中的问题一样,一开始都是模糊的、开放的、不确定的. 为了用数学的方法求解问题,假设与定义都是用于明确问题的必要过程.

4.1 初步分析与假设

对于明确问题的第一步,我们通常通过对问题的直观观察出发,提出一些符合直觉的假设,逐步将问题数学化. 这些假设只要是合理的,能自圆其说的,就足以有助于问题的明确. 这些假设一般不追求其背后的严谨的原理推导,很多时候甚至只是一拍脑袋,毫无理由地就这么决定了,仅仅是因为它看起来与事实符合.

进一步地,一些通过直觉不能明确的问题,我们则循序渐进,先从极端简单的情形观察问题的现象或本质,以期望能从中发现些什么. 最终,要么是发现了问题的本质,可以用数学概念套用到问题定义上;要么就还是需要通过直觉去定义问题. 毕竟,定义这个动作,本来就是不需要理由的.

4.1.1 一副扑克牌

即便是生活中,对一副扑克牌的定义也会有所不同,在数学问题中就更需要明确我们研究的对象了. 首先是数量,我们可以研究 52 张牌,或者 54 张牌,或者 108 张牌,等等. 不过数学研究常常从看上去更简单的情况入手,从 A 到 K,四种花色共 52 张牌更适合作为我们探究的例子. 这样,52 张牌互不重复,并且按照简单的规律作了标记(花色与数字),这种情形更适用于在问题探究的初期进行简单的枚举尝试,便于推进对问题的理解.但是在数学看来,标记终归只是标记,这52张牌的本质无非就是从1到52的自然数序列罢了.因此若抛开枚举探究的方便,其实这一副牌可以是任意张数,不过是又一个普普通通的正整数而已.或者说,研究一副52张的扑克牌的最终结论,完全能够快速拓展到任意数量扑克牌的情形.

对于其他的数学建模问题,我们也总是从简单的情形开始考虑.在已经得出的研究结论基础上进行扩展,符合由简到繁的科学探究顺序与认知规律,也是大多数前沿科学研究的普遍途径.

4.1.2 洗牌

与定义一副扑克牌不同,定义一个洗牌方法其实是在定义一个操作过程,而非一个实物.好比程序设计中定义了一个函数方法而非一个变量.与此同时,生活中的洗牌方法也有很多,很明显,这些洗牌方法的手法不同,洗牌的效果也不同,洗匀牌的次数可能也不同,其数学的定义也难以相同.通过查阅一些文献,我们可以了解一些常用的洗牌方法:

① 过手洗牌法(图4-1)与印度洗牌法(图4-2):即不断地从牌堆中抽出一叠,放置到整个牌堆上方.两者只是手法不同,对牌的顺序的影响是一样的.

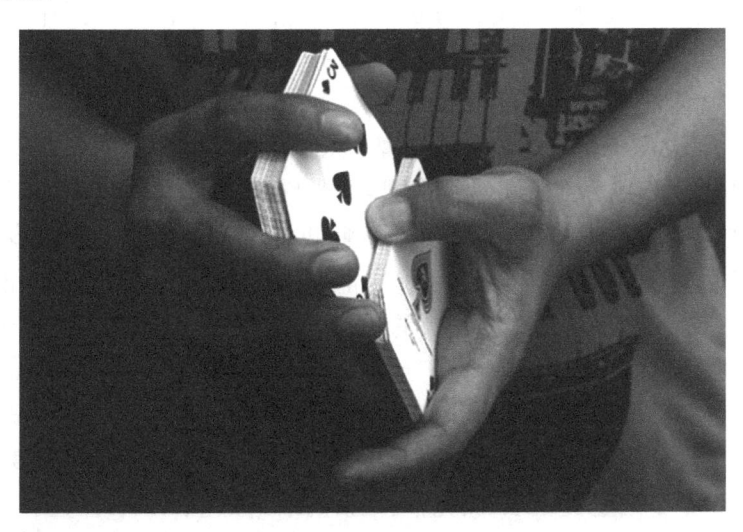

图4-1 过手洗牌法

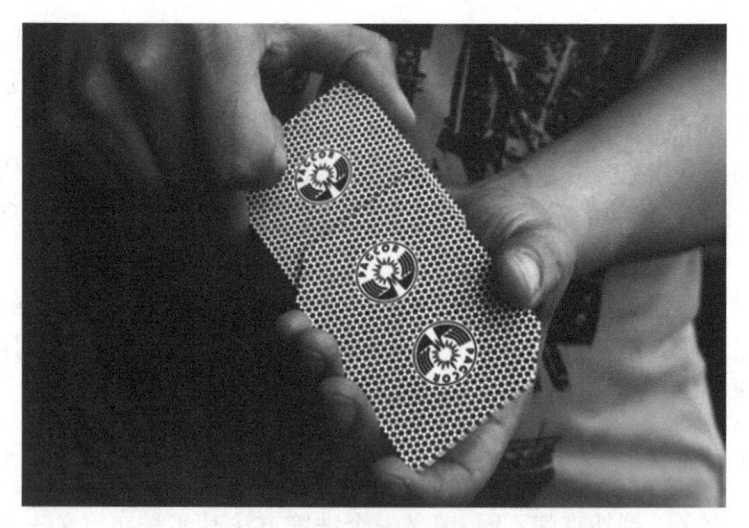

图 4-2　印度洗牌法

② 鸽尾式洗牌法(图 3-1):将牌分成两叠,交错放下.

还有一些其他的洗牌法,这里不多作赘述.

另一类,我们还可以考虑定义一些特殊的洗牌法:

③ 抽出顶部的牌,随机插入牌堆中任一位置.

④ 随机抽取两张牌,交换它们.

⑤ 随机抽取两张相邻的牌,交换它们.

很显然,这些特殊的洗牌方法并非我们日常生活中会使用的洗牌方法,但是,这些过程确实满足了洗牌打乱排序的功能,因此在数学上,也是值得考虑的洗牌方法.

这里,我们不妨选择鸽尾式洗牌法来作为我们的研究对象.虽然根据从简到繁的原则,我们理应先研究那些"特殊"的洗牌方法,先从简单的探究过程中汲取经验,但是作为教学示例,我们可以暂且跳过这些步骤,选择更接近生活的,相对复杂一些的,更能够得出有直接生活应用价值的鸽尾式洗牌法.相对地,这些"特殊"的洗牌方法,例如方法③中的"抽出顶部的牌,随机插入牌堆中任一位置"则将作为习题,供读者思考.

对于其他的数学建模问题,我们也通常会考虑多种情形与假设,由简到难地依次分析求解,力求问题探究的全面,体现问题探究的深度递进,直到得到整个问题的最准确、完整、概括的结论为止.当然,探究本身是无止境的,一个问题被解决以后,我们也会对问题进行进一步的细化与扩展……

4.1.3 洗匀

很显然地，定义洗匀就是在定义一副扑克牌的一个状态. 我们可以先观察几个例子来总结归纳什么是洗匀.

以简单的花色为例，如果一次洗牌过后，十张牌的花色序列是"红红红红红黑黑黑黑黑"，大多数人可能会认为这样子没有洗匀；而如果花色序列是"红黑红黑红黑红黑红黑"呢？又或者是"红红黑红黑黑黑红红黑"？如果读者很坚定地给出了这些序列是否洗匀的判断，那么就更加需要思考，这些判定的标准是什么？洗匀与没有洗匀之间的界限在哪里？

让我们观察一个更加简单的例子，一个数学模型化的例子. 一个 3 张牌的牌堆序列，以自然数"012"标记这 3 张不同的牌. 如果经过洗牌后，牌序列改变为"210"或者"021"，那么这两者分别是不是洗匀的呢？当我们将无关的信息筛除，仅仅留下最核心的数学模型，就很容易观察出洗匀的数学本质了."012""210""021"之间其实并没有什么区别，一个具体的洗牌结果序列本身并不足以判断牌堆是不是洗匀的. 因此，洗匀的判定不应该跟具体结果相关联，一次具体洗牌操作的结果只是众多可能结果的一个.

那么，什么才能作为牌堆序列洗匀的判定呢？我们不妨将观察的例子再简化一下——一个只有 2 张牌的牌堆序列"AB". 它经过洗牌后，只可能出现"AB"或者"BA"的序列，一次洗牌操作的结果只可能是这两种结果中的一个. 同时我们不妨假设一个游戏规则：如果抽出洗匀的牌堆的第一张是"A"，那么算玩家赢，反之算输. 在这个游戏规则下，让我们思考如下的两种洗牌方式：

方法一：掷一枚硬币，如果正面朝上，则将牌堆序列固定为"AB"；如果反面朝上，则将牌堆序列固定为"BA".

方法二：掷一枚硬币，如果正面朝上，则将牌堆序列固定为"AB"；如果反面朝上，则仍将牌堆序列固定为"AB".

很明显，这两种洗牌方法中，我们认为方法一是能将牌堆洗匀并使游戏公平进行的，而方法二是无论如何都不能将牌堆洗匀，并使游戏失去公平性.

如果读者早已经从中归纳得到了对牌堆序列洗匀的数学定义，那是再好不过了，使得我们能够发现对一个序列判定是否洗匀的标准，正是这个序列在经过洗牌后可能出现的概率. 如果一定次数的某种洗牌能够使得牌堆序列的每一种排列都能等概率地出现,那么玩家无法对牌堆序列做出有价值的预测,我们就可以认为这是一堆完美洗匀的牌序列. 相对地,如果有些排列在经过这些洗牌后只有很低甚至是零的概率出现,那么这堆牌就可以认为是没有洗匀的.

4.2 进一步分析假设与定义

所谓明确问题,就是要使得问题的表述没有任何歧义,为在数学建模步骤当中可以转化为数学语言描述的问题做准备. 因此,尽管大多数需要假设与定义的概念都已经清楚了,但仍然有一些需要补充严谨的细节. 这里通常根据具体问题,讨论具体需要进一步细化的定义. 进一步地,很多时候可以尝试套用一个如下的问题陈述模板,让自己确定这个问题确实已经被明确了,即尝试将问题表达为:对于某些(可能是任意的)自变量(输入 x),通过一个函数(方法、过程、$f(x)$)的处理,得到一个应变量(输出 y),使其趋向于目标 t(如果有的话).

$$y = f(x) \to t \qquad \text{式 4.1}$$

对于这样一个在形式上已经很接近数学抽象形式的问题表达形式,只需要保证语句当中每一个概念都是有明确的数学定义的,那么整个问题就必然是明确的. 也就是意味着,一个可以被数学模型化的问题就是一个已经被足够明确了的问题. 明确的问题与数学的模型之间的边界在此变得模糊.

当然,这样一个明确的问题表达形式不一定能够一次表达成功,也需要从一个粗糙的形式开始不断地优化. 语句当中的自变量(输入 x)、函数 $f(x)$、应变量(输出 y)、目标 t 都可以是抽象的、多元的或者宽泛的概念,不局限于数,就如同数学概念中集合的元素可以不仅仅是数,可以是任意的东西,甚至可以是不同种类元素的混合.

4.2.1 数学的扑克牌

这里,我们将上一节当中对扑克牌的假设中具有数学意义的部分提取出来,概括一下接下来我们需要使用的数学的扑克牌:

即一副以自然数序列标记的,互不相同的(默认以 52 张为例)扑克牌,并且不考虑这副牌的初始状态.

每张牌都互不一样是为了规范我们所研究的问题. 对有重复牌的牌

堆,比如说同时洗两副牌,每一张牌都与另一张牌一样.这样的洗牌问题与无重复牌堆的洗牌问题是不一样的,这方面的研究成果也有很多.我们这里先着手学习更加基本的情形.

不考虑初始状态是为了将初始状态的影响去除掉,一堆看起来非常无序的牌堆和一堆看起来非常有序的牌堆处理起来应该是一样的.当然,从数学上来看,看起来非常无序和看起来非常有序本身就是没有区别的.

4.2.2 洗牌的数学定义

类似我们在上一节当中对仅有 2 张牌的"AB"牌堆进行的两个洗牌方法的定义,它们的意义确定,结果可预测,随机的概率确定,操作确定,不会引起任何的误解,是一个可以通过数学计算的洗牌方法.我们在之后处理洗牌问题时,也应该这样严格确定洗牌的方式,将生活中概念可能会非常广的"洗牌"界定为非常准确的"洗牌方法".

那么接下来我们就是要将已经选择好的鸽尾式洗牌法转化为上述严谨的数学定义.由于这里鸽尾式洗牌法的数学定义与洗匀过程的数学模型关系密切,这里就暂时不作分析,留于下一章中展开.

4.2.3 可以认为洗匀的状态

对于 2 张牌的序列,我们很明确,只需要一次正确的洗牌方法就能够将牌序完美洗匀.但是对于 52 张牌的序列,其排列方式有 $52! = 8.07 \times 10^{67}$ 种,达到使得每种排列方式出现概率相等的完全洗匀状态,需要经过非常长的时间.而这个完全洗匀状态不论是在生活中,还是研究中,都是没有必要的.所以我们还是需要定义什么时候"可以认为已经洗匀".那么一般地,我们显然只需要要求牌堆序列的每种排列方式出现概率近似相等即可.

当然,在解决这个问题的时候,如果读者并没有预料到这一点,而是直接将完全洗匀作为模型求解的目标,也并不会有什么问题.因为这些近似处理也完全是可以在模型求解之后进行调整,针对当前答案更改目标,那么最终也会发现定义"可以认为已经洗匀状态"的必要性的.

4.3 明确的问题

我们要得到的是真正在数学概念上明确的问题,而非平时所谓的能够"读懂"的问题.为了确定自己已经明确了问题,我们需要将其完整地写下来,避免稍后在解决问题的过程中却发现还有没有定义的概念.

于是经过上面这么多准备,我们终于可以给出明确的定义了.

对一副以自然数序列标记的,互不相同的(默认以 52 张为例)扑克牌,规定某一种随机概率确定、可计算的洗牌法.在不考虑初始状态的情况下,重复进行该洗牌法若干次后,牌堆的每种序列出现的概率都相同或接近相同.问:对某一种确定的"洗牌法"(这里以鸽尾式洗牌法为例),"若干次"是多少次?

对于这样一个问题,如果以 $y=f(x) \to t$ 的形式来陈述的话,就会是以下的形式:

对于任意的自变量 x:任意的 52 张初始扑克牌序列;

将其代入一个洗牌过程:对于某种定义的洗牌方法,重复若干次洗牌;

得到一个应变量输出 y:该扑克牌所有可能的排列的概率;

该输出应当趋向于目标 t:这些概率应当相等.

并且在这个问题当中,需要求解的变量是洗牌次数.

在下一章中,我们可以轻易地将这一段话中的非数学部分抽离,概括出一个真正的数学模型.

4.4 根据建模情况调整假设

这一小节的内容在洗牌问题示例中是没有体现的,但它仍然非常重要.特别对于中学生数学建模而言,模型可能经常被修改,此时,问题的假设也会有对应的调整,这是需要学会的.

首先,这常常见于建模过程出现极度困难的时候.这里是指,当建模过程中的一些变量难以提取出内在的函数关系的时候,通过调整假设或者说是一种简化假设,来规避对这一变量的数学建模.对于一些可能的变量,搜索文献以将该变量固定为一个常数,通过在此变量不变的情况下研究整个问题,达到简化问题的目的;或者只是纯粹地根据经验假设某个变量为某一定值,也是可以接受的.这本身就是一个退而求其次的方法.但是,这样的简化假设是有配套的后续弥补工作的.特别是对于通过经验假设的数据,在模型求解完毕后,必须通过敏感度分析来得到这一变量实际对问题的影响,这将在章节 8"对数学模型及其结果的分析与补充"中具体展开.

另一方面,就是一般的对问题研究深入程度的调整了. 在建模遇到困难的时候,适当简化一些假设以便于建模工作的推进;或者在某一假设前提下的问题已经被解决的时候,适当复杂化一些假设,以求出问题的更一般情形下的、更真实情形下的解. 这样的步骤会在整个数学建模研究的过程中反复出现.

4.5 中学生遇到的一些常见问题

对于中学生,在假设与明确问题的过程中,很有可能落入两个极端:要么无法提出假设;要么总是提出过于不切实际的假设.

前者是指,对于提出假设这一步骤心存畏惧,不敢迈步向前,总觉得这也不符合事实,那也不符合事实. 这里需要明白的事情是,假设本来就是一个一拍脑袋就决定的事情,然后互相讨论,再深入细化调整. 犹豫太多而限制了自己的想象,只会拖慢整个数学建模工作的进度.

后者是指,一些学生,在提出假设的时候拍脑袋拍得太快,总是给出一些不切实际、没有根据的假设. 这是一种相对前者想象力过于丰富的情形. 比方说,某同学一拍脑袋就假设如图 4-3 函数假设示例中的光滑曲线可以近似为分段函数:

$$f(x) = \begin{cases} \dfrac{x}{60}, 0 \leqslant x \leqslant 3, \\ \dfrac{x}{5} - \dfrac{11}{20}, 3 < x < 7, \\ \dfrac{x}{300} + \dfrac{62}{75}, x \geqslant 7 \end{cases}$$

如图 4-3 连续折线所示.

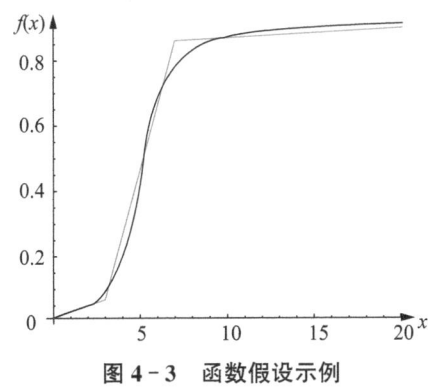

图 4-3 函数假设示例

虽然这样子的一拍脑袋非常快,函数曲线图像也非常接近,但是很显然地,这样一个近似函数既不能体现出原函数的很多性质,也不能从中挖掘出有关实际问题背后的数量关系,同时当自变量取值超出当前范围以后,这个近似表达式很快就会失效.

所以,提出假设这个步骤,仍然需要在操作时有一个折中的过程,既不能太苛求精确,也不能太毛糙求快.这时候,团队协作、头脑风暴就是一个很好的方法了,结合更多人的想法,才能够选取最为合适当前建模能力的问题假设.

4.6 练习与思考

1. 对于问题:"比较两筐苹果数量,A 筐中有若干个苹果,B 筐中也有若干个苹果,用可行方法比较哪个筐中的苹果多?"试提出若干种不同的假设,在不同的假设前提下,求解问题的方法分别是什么?体会不同假设的递进关系以及相应解答对真实情况的接近程度.

(参考解答:第 76 页)

2. 如图 4-4 所示,一个锥形容器被固定在铁架台上.锥形容器下端开孔且装有液体.液体不断滴落,从而对液面高度产生影响.试建立数学模型探究液面高度随时间的变化关系.

(参考解答:第 78 页)

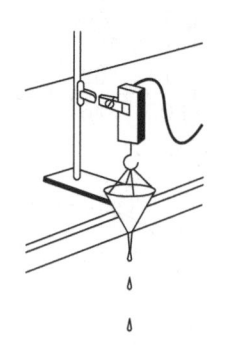

图 4-4 装置示意图

5. 抽象数学关系以建立模型

本章主要讨论与鸽尾式洗牌过程相关的数学定义及数学模型的建立,这也是"数学建模"这四个字的核心内容.读者应当意识到,当我们完成了这个数学建模的过程以后,整个洗牌问题就已经变成了一个纯数学问题,能够使用纯数学分析或者数值分析的方法来求解了.

5.1 明确的问题的数学模型

对于在上一章中提出的以 $y=f(x) \to t$ 的形式来陈述的问题表达,我们将其中各个具体概念抽象为其对应的数学模型如表 5-1 所示(除洗牌方法未定义以外):

表 5-1 洗牌问题中的具体概念与对应的数学模型表

具体概念	数学模型
扑克牌序列	自然数序列
某种洗牌方法(鸽尾式洗牌)	未定义的某种函数
重复若干次洗牌	对函数进行迭代运算
扑克牌所有可能排列的概率	自然数序列所有可能排列的概率分布
排列的概率相等	排列的概率分布为均匀分布

可以看到,其实表 5-1 中已经蕴含了一个简单的数学建模的过程,即对于这些生活中的概念,寻找与其性质相同或类似的数学概念,所以建立模型本身并不复杂,从事物的本质出发寻找数量关系,就可以提炼一些简单的数学模型了.

总之,我们现在可以将问题的明确表达为一个足以称之为数学模型的事物了.

对于任意的自变量 x:任意的自然数序列;

将其代入某个函数 $F(n,x)$:对于某种定义的 $f(x)$,代入自变量 x 并迭代执行 n 遍;

得到一个应变量输出 y:自然数序列所有排列的概率分布;

该输出应当趋向于目标 t:该概率分布应当为均匀分布.

并且在这个问题当中,需要求解的变量是函数迭代次数 n.

因此,在整个模型当中,尚待建模的就是洗牌过程所对应的函数了.这是一个比较复杂的模型,也是整个问题的核心数学模型,因此我们把它单独放在这里讨论.

5.2 对实际问题的分析

为了分析洗牌过程对应的数学过程,我们总是从观察实际情况开始.如同之前所说的,通过观察问题的本质来寻找其对应的数学模型.

我们先来复述一下鸽尾式洗牌的操作过程:将牌堆分成两堆,然后交替放下.

这样的简单陈述将洗牌的过程分解成了两部分,于是问题也被分解成了两个子问题:怎么将牌分成两堆,以及怎么将牌交替放下. 从语文的角度来看,这其实就是一个扩句的过程,将客观情况逐步地愈发详细地描述出来. 对于已经描述好的一个句子,尽可能地观察它的更多细节以便于表达出来,有时候也可以给出一些反例,即满足当前描述的句子却不符合实际情况的,以用于发现还有哪些地方值得更详细表达的.

读者可以自行尝试描述这个洗牌的过程,看看能够描述到怎样详细的地步. 以下是一个递进描述的例子.

① 将牌分成两堆,然后交替放下.

② 将牌尽可能均匀地分成两堆,然后交替放下的同时,很难做到每次都只放下一张牌,但总是尽可能使左右放下的牌差不多一样多.

③ 将牌尽可能均匀地分成两堆,左右两边的牌交替放下的时候,很难做到每次都只放下一张牌,但总是尽可能使每次左右放下的牌差不多一样多,最终使得左右两边的牌差不多同时放完.

④ 将牌尽可能均匀地分成两堆,左右两边的牌交替放下的时候,很

难做到每次都只放下一张牌,但总是尽可能使每次左右放下的牌差不多一样多,如果某一侧不慎多放了一些牌下去,那么另一侧也会多放一些牌下去,最终使得左右两边的牌能差不多同时放完.

5.3 对应的数学关系

当对于事实的描述足够详细的时候,我们就可以将过程中每一个细小的片段对应到与其类似的数学概念上了.读者可以先自行尝试这个过程,就如同表 5-1 中所做的那样.

将牌分成两堆:由于牌本身对应的数学概念是自然数序列,那么将这个自然数序列分成两堆就可以看作将这个自然数序列的前一半连续部分标记为 0,后一半连续部分标记为 1.

将牌尽可能均匀地分成两堆:也就是说,对于这个自然数序列前一半连续部分标记为 0 这个动作,并非严格地对数量上一半的牌标记为 0.被标记为 0 的牌的数量应当具有随机性,但一般来讲,总是接近于牌的总数的一半的,而其余的牌就自然标记为 1.于是,我们应当寻找这样一个概率分布,使得选取的牌的数量满足这样一个性质.对于数学建模刚入门的读者而言,选择正态分布是很自然的想法,正态分布确实能够不错地描述很多问题,但如果能有一个更加源于问题本质的分布就更好了.这里我们需要在日常的学习当中积累足够的知识储备,才能够在需要的时候有更多的选择,以确定一个更加符合事实的概率分布.这里,我们可以选择二项分布来描述将牌分成两堆的问题.也就是说,如果整个自然数序列有 n 个数,那么将前 m 个数标记为 0 的概率为:

$$P(m) = \frac{C_n^m}{2^n} \qquad \text{式 5.1}$$

对于所有的 $1 \leqslant m \leqslant n$ 的整数 m,它们与其对应的概率 $(m, P(m))$ 构成的集合即为这个将牌分成两堆的问题的概率分布.

将牌交替放下:由于这个序列已经被分别标记为 0 和 1 了,那么将牌交替放下这个动作其实就是交替从标记为 0 与标记为 1 的序列中取出若干张放到一个新的队列当中去.考虑到这个若干张是一个难以确定的数字,从洗牌的本质上也很难思考其背后的原理,而直接假设一个合理的数字本身就不是一个会被我们优先考虑的方案,于是我们会去思考一些其他的方案,或者说一些其他与事物本质等价的数学模型.考虑到,一方面,

"取出若干张"这个动作本质上也可以看作连续若干次取出 1 张牌；另一方面，既然每次并非总是取出 1 张牌，那么"交替放下"这个概念也就没有意义了。因此，将牌交替放下其实可以看作每次从两堆牌当中随机取一张牌，或者说，可能是等概率地随机取一张牌。再考虑到我们将牌放下的过程中总是会尽量使两侧的牌同时放完，也就是说如果一侧手中的牌偏多，那么会更可能多放一些牌下去。于是，这个动作的数学模型就可以是：

从被标记为 0 与被标记为 1 的两个牌序列中随机选取一个序列，取出该序列中的第一张牌放入第三个序列中，并重复该动作直到牌被取完。其中，从某一序列中取牌的概率与该序列中牌的数量成正比。即假若当前剩下的被标记为 0 的牌有 x 张，被标记为 1 的牌有 y 张，那么当前随机抽取到一张被标记为 0 的牌的概率即为：

$$P = \frac{x}{x+y} \qquad \text{式}5.2$$

标记值	原牌堆序列	现牌堆序列	洗牌标记
0	2	1	1
0	4	2	0
0	5	3	1
0	7	4	0
1	1	5	0
1	3	6	1
1	6	7	0
1	8	8	1
1	9	9	1
1	10	10	1

图 5-1　洗牌模型示意图

至此，我们对洗牌过程当中每一个细节都已经有对应的数学概念了，可以整理出一个真正的数学问题来了。

5.4　实际问题的数学模型

我们将以上的所有描述去除掉非数学的部分，剥离出纯数学的问题，得到一个真正的数学模型：

对于任意的自变量 x：任意的自然数序列；

定义一个函数 $f(x)$：对自变量是自然数序列 x，以 $P(m) = \dfrac{C_n^m}{2^n}$ 的概率分布对前 m 个自然数标记为 0 并按原序构建序列一，其他自然数标记为 1 并按原序构建序列二;从序列一和序列二中以与序列中剩余自然数个数成正比的概率随机按序不重复地取自然数构建一个新的自然数序列三,作为输出.

将其代入函数 $F(n,x)$:对于以上定义的 $f(x)$,代入自变量 x 并迭代执行 n 遍(第二次起,以上一次的结果输出作为下一次的自变量输入);

得到一个应变量输出 y:自然数序列所有可能的排列的概率分布;

该输出应当趋向于目标 t:该概率分布应当为均匀分布.

并且在这个问题当中,需要求解的变量是函数迭代次数 n.

对于其他数学建模的问题也是如此,如果一个模型经得起纯数学表达形式的考验,那么这才能算是真正地完成了数学建模的过程,才能算是完成了将实际问题转化为数学问题的过程.

另一方面,这种纯数学形式的数学模型表达,其实并不会用于稍后数学模型的简化与求解,因为这种形式很显然是难以理解与沟通的,特别在数学建模竞赛的过程中,并不适用于与队友的沟通. 因此,这种纯数学形式的模型表达,更多的只是用于检验数学模型的完整性,确保这是一个合理的数学模型.

5.5 选取模型与建立模型

在本章节的这个例子里,可以看到,一开始在表 5 - 1 中所罗列的数学模型其实都只是套用现成的数学概念与数学模型;而洗牌过程的数学模型才是从零开始重新构建出来的.

从解决问题的角度来看,只要能够得到答案,那么使用现成的、前人已经构建好了的数学模型也是最为高效的做法. 对于那些复杂的、非常识性的模型需求,这就需要有足够的对经典数学模型知识的理解与积累. 这也是在以纯粹解决问题为目标的项目中需要先大量阅读相关文献的原因之一. 当然,作为学生或者业余爱好者,在多个能够、适合使用的数学模型当中,选用自己熟悉的、常用的而非最优的那个模型也是常见的一种决策. 特别从程序设计的角度来看,重用以前编写过的代码也能够提高问题解决的效率. 例如在笔者自身的经验和指导过的学生中,就有在最优化问题中习惯使用模拟退火算法,或者在随机问题中习惯使用马尔科夫过程的例子,并且这些经典模型总能很好地解决问题,这也是源于这些经典模型本身就有着极强的数学性,有着极广泛的适用性. 当然也不能过于极端,适用性广泛不代表万能,确实不能套用模型的时候也不应勉强,不断学习积累新的模型才能不断进步.

另一方面,数学建模竞赛并非数学模型应用竞赛.如何构建一个全新的模型是"建模"这样一个动宾结构短语所关注的重点.能够套用复杂数学模型虽然是解决问题的首要方法,但是构建新的数学模型的目的在于创造更多更加优秀的方法来解决这类问题,进一步地,更加精确地解决一些问题.就如同,如果我们真正地去思考"学习数学有什么用?"这样一个问题,会发现,当我们在使用各类生产生活工具的时候,我们确实不需要用到数学;然而,当我们要去发明创造更多的生产生活工具来改善生活的时候,我们就需要数学了.而且,文明的进步需要这些发明创造.创造新的数学模型就是这样一个应用数学的地方.

对于中学生而言,可能认为本章节中对鸽尾式洗牌的数学建模这样的工作仍然显得过于困难,所以实际情况中,数学模型的选取与建立可能更多的是一个综合的选择,比如选取一个数学模型并修正它,使得它更适合于当前的问题,等等.

5.6 练习与思考

1. 狗、鸡、菜过河问题:一个人要带一只狗、一只鸡和一棵菜过河,而船上除人外,每次只能带一样东西.当人不在时,狗会吃鸡,鸡会吃菜,问该如何运送它们,才能使狗、鸡、菜全部安全过河.试建立问题的数学抽象表达,并尝试解答.
(参考解答:第83页)

2. 魔方是蕴含着大量数学知识的益智玩具.小光同学发明了一种纸面二维魔方小游戏,规则如下:

如图5-2所示,纸面二维魔方总共由8个方块构成,每个方块可以有上、右、下、左(↑→↓←)四种状态,8个方块总共构成九宫格分布,中间留空.小光把连续且在一条直线上的三个方块称作纸面二维魔方的一个面,这样共有ABCD四个面."拧动"魔方时,每次可以且仅可以改变一个面上的连续三个方块的状态,将三个方块同时逆时针或顺时针旋转,这样一次操作视为一个步骤.游戏的目标是将所有方块的状态旋转至相同方向,即视为完成了一次纸面二维魔方的"复原".

	B	
↑	↓	←
A ↓		→ C
←	→	↓
	D	

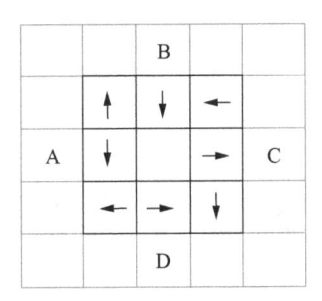

图 5-2　纸面二维魔方

(1) 试使用最少的步骤求解图中的纸面二维魔方,写出"复原"的全部步骤.

(2) 试使用数学概念描述纸面二维魔方,并建立求解纸面二维魔方的通用模型和方法.

(参考解答:第 86 页)

6. 尽可能简化数学模型

狭义地来讲,我们在上一个章节中已经完成了对洗牌问题的模型建立,也就是"数学建模"这个四字动宾结构最核心的部分.然而,广义地来讲,数学建模整个的过程还包含了其前后的配套工作.

6.1 简化模型的目的与意义

直观模型一般由于和问题的本质原理有非常紧密的联系,它们的代价常常在于难以避免在形式上落于繁复.建立的数学模型通常已经能够很好地传递作者的思想,并且易于让其他人理解模型本身;然而为了稍后求解模型、求解问题,这样的复杂的形式则不再便于计算了.因此,简化模型的目的也是为了解决整个问题而服务,其意义在于进一步抽象出模型中的数学部分,化简运算.这个步骤的本质也就是数学的化简整理.

因此在简化模型这个步骤中,数学理论知识与技巧占据了最重要的地位.特别对于高中生而言,由于缺乏高等数学、线性代数等必要的数学基础,经常在这一阶段无法有所施展.也正是如此,相对地,能够在这一阶段做出漂亮的数学推导与化简的数学建模论文会有其特殊的优势.

简单地来讲,对于一般的数学建模爱好者,可能只是在这一阶段尽自己所能,在自己有限的数学知识范围内进行化简,将求解问题的风险延后至后一阶段就可以了;而对于对自身有更高要求的学生而言,预先学习一些高等数学、微分方程以及线性代数甚至是复变函数则会有不错的作用.

这里,限于高中生的数学基础,以下的化简模型示例仅仅给出化简过程,而忽略了原作者对于该问题背后可能的数学思考及灵感来源.

6.2 逆洗牌过程

文献[1]提出了逆洗牌过程以等价地替代我们之前得到的鸽尾式洗牌过程模型.

在逆洗牌过程中,首先对自变量自然数序列中的每一个数以相等的概率标记为 0 或 1(以下也称作布尔值),然后将所有标记为 0 的自然数不改变原相对顺序作为输出应变量自然数序列的前半部分,将其余标记为 1 的自然数序列不改变原相对顺序作为输出应变量自然数序列后半部分. 这个逆洗牌过程的最终输出自然数序列与原洗牌过程等价.

标记值	原牌堆序列	现牌堆序列	洗牌标记
1	1	2	0
0	2	4	0
1	3	5	0
0	4	7	0
0	5	1	1
1	6	3	1
0	7	6	1
1	8	8	1
1	9	9	1
1	10	10	1

图 6-1 逆洗牌模型示意图

事实上,在第 5 章当中选择采用二项分布来描述牌分成两堆的动作,与现在考虑逆洗牌的变换是紧密相关的. 正是由于思路上发现简单随机的逆洗牌会产生二项分布的牌堆结果,因此没有选择更容易想到的正态分布. 这里我们直接给出了这样一个漂亮的模型,跳过了许多试错改正的过程. 而数学建模当中经常会有返回修改的时候,要知道这些巧妙的结论来之不易,同时我们也不能畏惧它,要敢于走弯路,敢于探索不同的思路.

在这里,将洗牌过程等价为一个逆洗牌过程是一个典型的数学简化步骤,因为很明显,逆洗牌过程中的数学操作的复杂度和表达的复杂程度均有明显的下降,以便于后续的数学运算.

---

[1] Cohen J E. Population growth and earth's human carrying capacity[J]. Science, 1995, 269(5222):341-346.

尽管并非适用于所有模型,但可以知道,逆向思维是化简数学模型的一个值得尝试的思路.

6.3 洗牌的矩阵形式表达

由于逆洗牌过程的定义,同时考虑输入自变量序列的无序性(即任意的输入自变量自然数序列都等价于按自然序由小到大排列的序列),一次(逆)洗牌的结果只需要一个与数列项数相同的布尔值序列就能确定,而多次(逆)洗牌的结果只需要多列布尔值序列就能确定.那么显然地,对于 n 个自然数序列,进行 r 次(逆)洗牌后的结果等价于通过一个 n 行 r 列的由 0/1 布尔值组成的矩阵就可以确定了,并且矩阵中每个值为 0/1 的概率均相等且为 0.5.

举例来说,如果输入自变量序列为:

$$x = \begin{pmatrix} 1 \\ 2 \\ 3 \\ 4 \end{pmatrix}$$

经过三次(逆)洗牌函数,并且这三次(逆)洗牌函数构成的矩阵为矩阵 A,且其中每行布尔值均固定对应同一张牌,即在洗牌过程中矩阵同时进行行变换:

$$A = \begin{pmatrix} 0 & 1 & 1 \\ 1 & 0 & 0 \\ 1 & 1 & 0 \\ 0 & 1 & 1 \end{pmatrix}$$

那么洗牌过程如下所示:

第一次依据第一列排序,洗牌矩阵随牌序列的变化一同更换顺序为 A_1:

$$\begin{pmatrix} 1 \\ 2 \\ 3 \\ 4 \end{pmatrix} \rightarrow \begin{pmatrix} 1 \\ 4 \\ 2 \\ 3 \end{pmatrix}, A_1 = \begin{pmatrix} 0 & 1 & 1 \\ 0 & 1 & 1 \\ 1 & 0 & 0 \\ 1 & 1 & 0 \end{pmatrix}$$

第二次依据第二列排序,洗牌矩阵随牌序列的变化一同更换顺序为 A_2:

$$\begin{pmatrix}1\\4\\2\\3\end{pmatrix} \rightarrow \begin{pmatrix}2\\1\\4\\3\end{pmatrix}, A_2 = \begin{pmatrix}1&0&0\\0&1&1\\0&1&1\\1&1&0\end{pmatrix}$$

第三次依据第三列排序,洗牌矩阵随牌序列的变化一同更换顺序为 A_3:

$$\begin{pmatrix}2\\1\\4\\3\end{pmatrix} \rightarrow \begin{pmatrix}2\\3\\1\\4\end{pmatrix}, A_3 = \begin{pmatrix}1&0&0\\1&1&0\\0&1&1\\0&1&1\end{pmatrix}$$

这里,我们同样地可以看到,将逆洗牌的数学过程通过矩阵来表达是一种对数学模型的标准化、结构化表达,大大简化了模型的数学形式,同时对于模型的抽象化有重要意义,还增加了与现有数学模型相匹配并可以直接套用的可能性.

相对而言,将数学模型中的数学表达通过某些成熟的符号体系书写,在任何数学模型下都是化简步骤中应当努力的方向. 这是将问题从模型问题完全转变为数学问题的标志,是整个化简过程中具有重要意义的一步.

6.4 洗匀在矩阵形式下的定义

于是,现在我们只需要关注,怎样一个洗牌矩阵是能够使得牌序列被洗匀的. 考虑所求的是所需的洗牌的次数,这也就等价于我们所求的矩阵的列数.

确实,如果只是一个确定的矩阵,得到一个确定的结果,我们仍然很难判断它是否使得序列被洗匀了. 洗匀要求的是每个可能的矩阵所得到的结果是否在所有可能的相等列数的矩阵所得到的结果中具有相等的出现概率.

这里,让我们先观察在上一个例子当中最终随着洗牌的进行而得到的洗牌矩阵 A_3. 由于在洗牌之前,每一张牌就已经被随机赋予了一个布尔值,并且这样一行布尔值与所对应牌固定,因此,最终矩阵 A_3 能够准确表达牌堆最终的排序,而与牌堆初始状态无关. 在 A_3 中,我们可以观察到一些规律,如果有可能的话,读者也可以自行再尝试一些洗牌矩阵,

并将它们通过洗牌过程得到其对应的最终矩阵——如果将最终矩阵中每一行的布尔值从右往左看,即如矩阵 A':

$$A' = \begin{pmatrix} 0 & 0 & 1 \\ 0 & 1 & 1 \\ 1 & 1 & 0 \\ 1 & 1 & 0 \end{pmatrix}$$

并且将每一行的布尔值连起来看作一个二进制数,那么,很显然这几行二进制数是从上往下,从小到大排列的.

如果多尝试几个不同的洗牌矩阵,我们均可以发现,对于每一个随机生成的洗牌矩阵 A,其都能对应一个洗牌结束时左右翻转的最终矩阵 A',而这个矩阵 A' 可以看作一列从上至下,由小到大的二进制数列. 并不难想象,由于矩阵中的每一行布尔值都是绑定了对应的牌,随着洗牌过程不停地做着行变换,而逆洗牌过程本来就是不停地将当前位的 0 放到上方,将 1 放到下方,恰巧这个过程正是对二进制数排序的过程. 整个洗牌过程也就是相当于对每一张牌随机赋值一个二进制数,并且对这些二进制数进行排序罢了. 因此,观察洗牌矩阵能否导致一个洗匀的牌堆,也就是观察一个有序二进制序列,能否导致一个洗匀的牌堆了.

这里,我们考虑由于洗牌矩阵导致的各张牌之间的相对位置关系. 由于经过了这样的等价二进制排序以后,各张牌的绝对位置与相对位置都由其随机得到的二进制数决定了,并且对于有 r 列的洗牌矩阵来说,其 r 位二进制数所能随机取值的范围也就在 2^r(十进制值)以内了. 试想,对于较少次数洗牌对应的较小范围的二进制随机数排序,相对于较多次数洗牌对应的较大范围二进制随机数排序,后者之所以更容易洗匀的原因显然在于更小范围内的随机数更容易产生多个相同的数,而相同数所对应的牌的相对位置在排序过程当中显然无法发生任何改变,这种情况下,显然有相当数量序列的出现概率可以确定为零,那么就明显不符合洗匀的定义了.

举个例子,如果总共有 20 张牌,而只对其洗牌 4 次,即在 $2^4 = 16$ 范围内对牌随机编号,那么很明显,根据抽屉原理,至少有 4 张牌所标记的随机数(所在抽屉)是不独有的,那么至少有 4 组牌的相对位置不可能发生改变,牌堆即不可能被洗匀. 相对地,如果洗牌 5 次,即在 $2^5 = 32$ 范围内赋随机数,那么才有可能出现所有牌的标记数均不一样,所有牌的相对顺序都有可能被改变,牌堆才可能被洗匀.

综上所述，尽管仍然不能确定能够达到洗匀的洗牌次数，但是我们已经能够发现对于不同的洗牌列数 r，其能达到洗匀状态的可能性是不一样的，换句话说，我们可以计算对于不同的洗牌矩阵列数 r，其能使得二进制随机数没有重复的概率为多少.

6.5 洗匀的等价经典模型

我们刚刚已经明确了，现在要求解的问题是"对于不同的洗牌矩阵列数 r 和牌的数量 n，即相当于对每张牌随机可重复地分配一个 2^r 范围内的二进制数，能使得没有两张牌标记的二进制数相同的概率为多少？"不断抽象数学建模中的数学概念，将非数学名词替换，是数学建模过程中持续反复且有价值的核心思想. 这里，我们把"牌"替换为"小球"，"二进制数"替换为"盒子"，就可以得到一个我们学习概率过程中经常用来比喻理解的模型："将 n 个小球随机放入 2^r 个盒子中，每个盒子都至多只有一个小球的概率为多少？"

可见，小球与盒子的模型描述大概要亲切得多，问题好像一下子就不那么难了. 对于任意一个尚未化简或尽可能化简的数学模型，积极寻找一个现有的经典的等价模型总是很有价值的. 这一步与第 5 章提到的在建立模型的步骤当中的"选用已有模型"本质上是一样的，利用前人的成果，方便快速地求解问题得出结论. 如果在建立模型的步骤中没有找到可以直接利用的经典模型，那么经过化简以后也许就会发现一个了. 虽然在这两个不同环节利用经典模型看上去殊途同归，其实这当中还牵涉了很多修改假设、简化问题、近似求解的取舍. 对于大多数复杂的现实问题而言，若要直接利用现有的经典模型，通常需要添加很多假设，偏离真实情况来求解问题；而在本章节中数学模型化简后再利用经典模型，这本质上是数学技巧，是在严谨推导的框架下推行的步骤，后续求解不会放大与真实情况的误差，具有更高的应用价值.

6.6 数学建模中的数学

至此，我们对数学模型的简化已经全部完成了. 同样称之为简化，但是此处对于模型的简化和第 4 章中提到的建立假设简化问题在思路方向上有着很大的不同. 这一点和先前提到的利用经典模型是类似的，即对一个已经完全数学化的模型进行简化指的是在严谨的数学逻辑框架下的推导化简,指的就是我们平时数学课中狭义的化简.这个过程中没有产生近似取舍、没有误差放大.因此,我们这里说,这个环节是整个数学建模过程中最为"数学"的部分,是最考验数学基本功的环节.这也是为什么先前说,在数学建模竞赛当中,能把数学模型简化推导做得好的论文是非常出彩的,不仅体现了论文作者会建模,还更会数学.

尽管我们前面说,中学生由于数学理论知识的缺乏,在这一环节也可以选择性跳过,带着相对复杂的数学模型表达式进入下一个求解阶段.但正是由于纯数学化简具有这样的不可替代的意义,中学生应当勇于尝试、勇于挑战,不轻易放弃模型化简的步骤,通过练习和积累,在数学建模各个方面的能力上取得进步.

6.7 练习与思考

1. 俄罗斯方块是一款家喻户晓的电子游戏,小数对其深感兴趣,将规则简化如下:
   - 游戏中,一共有四种基础方块,如图 6-2 所示.

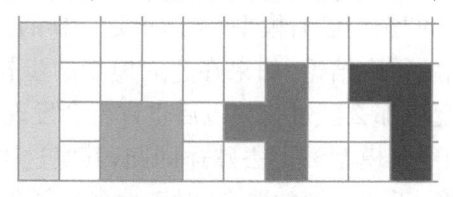

   图 6-2 基础方块示意图

   - 每一轮游戏中,给定的基础方块的种类和数目一定,但摆放方块的先后顺序锁定,不可更改.
   - 游戏提供的"方格容器"宽度为八个单位长度,高度无限.
   - 每一个基础方块都可以进行自由旋转、翻转.
   - 玩家的最终目的是使用最小的高度完成所有方块的摆放,得到摆放完整的一行并不可以消除方块,但可以得到额外加分.

   (1) 根据题目描述,给出一种界定方块摆放有效率的方式(即这个游戏的分数计算方式),并用数学语言进行描述.
   (2) 若某一局游戏中,方块下落的顺序已提前知晓如图 6-3 所示，试找到赢得这场比赛的最佳策略并用文字语言、数学语言或者图表描述你的策略.并根据你提供的计分方式得出结果.

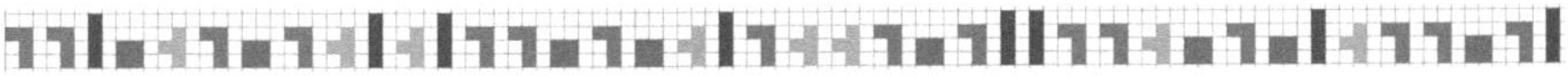

图 6-3 某局游戏方块下落顺序(共 40 个，四种基础方块数量之比为 1∶1∶1∶2)

（3）若某一局游戏中，玩家知晓各基础方块的数量，但不知道各方块的下落顺序，试找到赢得这场比赛的最佳策略；并以图所示顺序为例，用文字语言、数学语言或者图表描述你的策略，阐述其有效性.并根据你提供的计分方式得出结果.

（参考解答：第 91 页）

7. 应用数学模型求解问题

求解模型通常是整个问题中最让人期待的环节了,模型是否正确,结果是否符合常识,是喜是忧都会在结果浮出水面以后展现在眼前.从求解得到的结果来看,我们可以分为解析解和数值解这两大类.如果先前模型的数学化简工作做得比较彻底,那么求解也更近似于一道数学习题的求解,这也是得到解析解的必要前提;反之,如果模型的数学化简工作做得不那么充分,求解过程则会更近似于模拟仿真.我们在 2.5 节中提到过,如果一个数学建模问题最终可以得到一个解析解,那么其价值要高于数值解.我们总是倾向于优先寻找一个解析解法.或者说,在解决数学建模问题,不断修改假设、逼近真实、由易到难的过程中,我们至少期待着最简单的情形下能够有一个解析解;然后随着问题或者局部的解析方程式越来越复杂难解,才不得不求解数值解;直至非常真实而复杂的模型下,只能通过模拟仿真稍作观察与归纳.

7.1 解析解法

对于上一章最后得到的简化问题:"将 n 个小球随机放入 2^r 个盒子中,每个盒子都至多只有一个小球的概率为多少?"在高中数学排列组合章节中属于难度和复杂度适中的题目,读者可以先自行尝试求解.我们以下展示解析法寻找答案的简略过程.

由于每个小球都有 2^r 个盒子可以选择放入,因此在没有任何限制条件的情况下,总的小球放入盒子的情况种数为 $(2^r)^n = 2^{rn}$ 种;而该 n 个小球没有任何两个放入同一个盒子情况下的种数即为从 2^r 个盒子中先选

出 n 个盒子,然后再将 n 个小球排列放入这些盒子,即共 $P_{2^r}^n$ 种(P 为排列数记号,其他表示法亦有 $A_{2^r}^n$、$\binom{2^r}{n}$,后续不再附注). 由此,"将 n 个小球随机放入 2^r 个盒子中去,每个盒子都至多只有一个小球的概率"即为:

$$P = \frac{P_{2^r}^n}{2^{nr}} = \frac{(2^r)!}{2^{nr} \cdot (2^r - n)!} \qquad \text{式 7.1}$$

由于我们所得到的"每个盒子都至多只有一个小球的概率"即为"扑克牌已经严格洗匀的概率",我们现在希望寻找到对于 n 张牌的情形下能够使得该概率值等于 1 的洗牌次数 r 的值. 很显然,对于这样一个概率计算式,无论洗牌次数多么大,其值都是不可能等于 1 的,因此我们应当寻找一个 r 的值,使得我们"可以认为牌堆已经洗匀". 这里是一个对于真实情形的妥协简化,以便于获得一个具有实际意义的结论. 例如,定义"可以认为牌堆已经洗匀"为该概率超过 90%,即

$$P = \frac{P_{2^r}^n}{2^{nr}} = \frac{(2^r)!}{2^{nr} \cdot (2^r - n)!} > 90\% \qquad \text{式 7.2}$$

或定义为该概率超过 50%,即

$$P = \frac{P_{2^r}^n}{2^{nr}} = \frac{(2^r)!}{2^{nr} \cdot (2^r - n)!} > 50\% \qquad \text{式 7.3}$$

其他定义,只要解释合理、具有实际意义即可. 暂不论"认为可以洗匀"的概率界限是多少,我们此处所得到的解析表达式就已经是一个很不错的局部结论了. 对于更多更复杂的,或者数学抽象化工作做得并不充分的数学建模问题来说,常常会涉及更加复杂的代数表达式,有些读者也许会非常乐意去求解一些庞大繁复的数学式,我们这里就暂且一窥解析求解的形式,有些初步概念即可.

上述不等式,事实上难以在高中数学工具范围内继续求解了,因此接下来的步骤,我们转而展示一些数值解的思想. 对于不同的数学建模问题,有的确实可以直接推导得到完整的解析解结论;有的简化之后就只能采用数值解法;也有如这里先进行局部解析求解,再继续通过数值求解衔接的. 在接下来的数值求解过程中,"认为可以洗匀"的概率界限也伴随着一些局部数值求解结果的观察而决定,即这些模糊的假设也常常根据结果来推断融入实际意义,这也是仅仅通过解析手段所不能看见的.

7.2 数值解法

数值求解的本质特征在于：
(1) 对数学表达式中一个或多个可变参数代入某个或某些典型数值；
(2) 常常借助计算机软件辅助计算，得到一个、一组或多组数值结论；
(3) 对于大量的数据，通常会借助计算机软件进行数据可视化，即以图像形式显示过程和结果，便于观察、归纳、分析；
(4) 有时会进一步对所得的数值结论进行综合分析，得到综合结论；
(5) 常常辅以敏感度分析以证明先前代入参数的典型值具有代表性，不会因为参数具体值的改变而在本质上推翻结论。

对于不等式 7.2、式 7.3，我们以下通过演示 Excel 进行数值求解。如 2.5 节中所述，读者也可以使用自己擅长的 Matlab、Mathematica、Python、C++、图形计算器等工具求解本问题，不过这些工具的使用我们这里不会涉及，而 Excel 具有较强的通用性和易学性，便于在这里展示数值求解的思想和特征。

根据 4.1 节，我们主要研究 52 张扑克牌的情形，而根据 6.4 节可知我们至少需要 6 次洗牌，即 $2^6 = 64 \geqslant 52$ 才有可能使得牌堆被洗匀。因此我们只需要使用软件计算 $n=52, r \geqslant 6$ 的情形，并且枚举出来即可。事实上这里不需要枚举很多组数值就能发现可以认为洗匀的情形；不过如果结论数值较大的话，软件也可以很方便地进行成百上千组运算，再通过生成曲线图表的形式来方便观察结论。

对于 Matlab 等专业数学软件而言，我们只需要把 r 取不同的值代入式 7.1 并运行即可。由于 Excel 对于指数复合阶乘以后得到的大整数会报错无法处理，所以我们这里还需要借用一些高中数学进行预处理，即对式 7.1 中的指数部分进行对数化处理，绕开 Excel 无法处理大数阶乘的问题。如式 7.4：

$$\begin{aligned}\log_2 P &= \log_2 \frac{(2^r)!}{2^{nr} \cdot (2^r-n)!} \\ &= \log_2 \frac{(2^r)!}{(2^r-n)!} - \log_2 2^{nr} \\ &= [\log_2(2^r) + \log_2(2^r-1) + \cdots + \log_2(2^r-n+1)] - nr \\ &= \left[\sum_{k=0}^{n-1} \log_2(2^r-k)\right] - nr\end{aligned}$$ 式 7.4

最终计算 P 只需将上式的值再取指数值换算即可. 并且此处数列求和对于 $n=52$ 张牌而言是有限个(而非随洗牌次数 r 指数增长的),因此可以在 Excel 中实现. 如图 7-1 我们在 Excel 中先在 B1 单元格展示了扑克牌总数 n 的取值,在第 2 行分别标注了几个计算项:洗牌次数 r、概率的对数 $\log_2 P$(简记为 Log P)、概率 P,以及 2 行 D 列至 BC 列为数列求和中 k 的值. 以 D3 单元格为例,其中输入的公式为:"=LOG(2^\$A3−D\$2,2)",即式 7.4 中的 $\log_2(2^r-k)$,其中"\$A3"和"D\$2"分别表示了在对应单元格 r 和 k 的数值的引用,其中"\$"符号表示绝对位置引用,无"\$"前缀的则在后续自动填充中会生成相对位置引用. 单元格 D3 输入完毕后,拖动自动填充光标,即可将 D3 至 BC20 区域全部自动填充. 最后在 B3 单元格输入公式:"=SUM(D3:BC3)−\$B\$1*\$A3",即式 7.4 中的 $\left[\sum_{k=0}^{n-1}\log_2(2^r-k)\right]-nr$;在 C3 单元格中输入公式:"=2^B3",即 $2^{\log_2 P}$ 得到概率 P 的值;并向下自动填充 B4 至 C20 区域.

	A	B	C	D	E	F	G	H	I		BB	BC
1		n= 52										
2	r	Log P	P	0	1	2	3	4	5		50	51
3	6	−44.8403	3.17484E-14	6	5.97728	5.954196	5.930737	5.906891	5.882643		3.807355	3.70044
4	7	−17.4872	5.44272E-06	7	6.988685	6.97728	6.965784	6.954196	6.942515		6.285402	6.266787
5	8	−8.03124	0.003822562	8	7.994353	7.988685	7.982994	7.97728	7.971544		7.686501	7.67948
6	9	−3.86834	0.068472233	9	8.997179	8.994353	8.991522	8.988685	8.985842		8.851749	8.848623
7	10	−1.90031	0.267886138	10	9.99859	9.997179	9.995767	9.994353	9.992938		9.927778	9.926296
8	11	−0.94202	0.520504192	11	10.9993	10.99859	10.99789	10.99718	10.99647		10.96434	10.96362
9	12	−0.46901	0.722458108	12	11.99965	11.9993	11.99894	11.99859	11.99824		11.98228	11.98192
10	13	−0.23401	0.850266457	13	12.99982	12.99965	12.99947	12.9993	12.99912		12.99129	12.99112
11	14	−0.11688	0.922177508	14	13.99991	13.99982	13.99974	13.99965	13.99956		13.99559	13.9955
12	15	−0.05841	0.960321144	15	14.99996	14.99991	14.99987	14.99982	14.99978		14.9978	14.99775
13	16	−0.0292	0.979964967	16	15.99998	15.99996	15.99993	15.99991	15.99989		15.9989	15.99888
14	17	−0.0146	0.989933111	17	16.99999	16.99998	16.99997	16.99996	16.99994		16.99945	16.99944
15	18	−0.0073	0.994954153	18	17.99999	17.99999	17.99998	17.99998	17.99997		17.99972	17.99972
16	19	−0.00365	0.997473069	19	19	18.99999	18.99999	18.99999	18.99999		18.99986	18.99986
17	20	−0.00182	0.998736206	20	20	20	20	19.99999	19.99999		19.99993	19.99993
18	21	−0.00091	0.999367909	21	21	21	21	21	21		20.99997	20.99996
19	22	−0.00046	0.999683906	22	22	22	22	22	22		21.99998	21.99998
20	23	−0.00023	0.999841941	23	23	23	23	23	23		22.99999	22.99999

图 7-1 Excel 演示数值求解过程

通过观察 P 一列的数值,已经可以看见当洗牌次数 $r=11$ 时洗匀概率超过了 50%;洗牌次数 $r=14$ 时,洗匀概率超过了 90%. 这里,我们可以说已经得到了有一定价值的数值解结论了,并且即便数据量不足,也能够非常方便地自动扩充到 r 取更多值的情形. Excel 确实具备强大的功能和较低上手门槛,但也需要在运用前做一些灵活的准备工作. 相比较而言,运用 Mathematica 等软件运算,只需要对软件命令有足够的了解,同样的结果只需要不超过 3 行命令代码就可以更快地实现,这是在事先的软件学习中有了大量积累以后所得到的回报.

这里,Excel 还可以对数据进行有限的可视化处理,特别对于数据量更大的情形,这是很有必要的. 选中图 7-1 中的 A2 至 A20 和 C2 至 C20 区域,插入散点图,可得如图 7-2 的效果. 从中我们可以方便地观察到,洗匀的概率在 $r=11$ 次左右有一个明显的阶跃,这有力地支持了取 $P>50\%$ 作为"可以认为洗匀"的分界线.

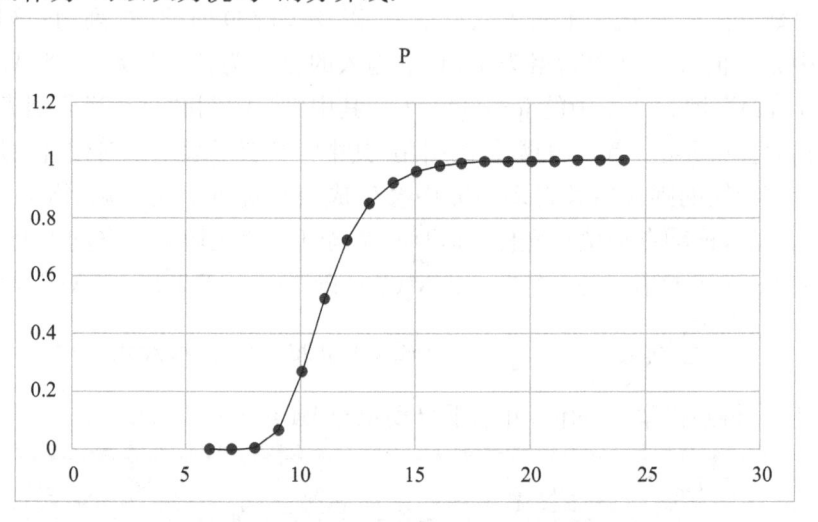

图 7-2　Excel 对数值解的可视化处理示例

使用 Excel 作为数据可视化工具同样可以得到不错的美观程度的图像. 而其他的专业数学软件的优势则在于数据可视化过程中有更多的选项、支持的图像种类更多,当然这些也意味着成倍的数学软件专用命令的积累. 不过从乐观的角度来看,所谓对于专业软件命令的积累并不是指背诵,而是指"知道软件有这样那样的功能,届时总是可以通过官方手册或者网络论坛寻找到精确的命令表达".

对于 $n=52$ 张牌情形下,我们已经得到了不错的数值解结论,有了直观的数据可视化支持. 这里还应该有一些敏感度分析的步骤,我们先行略过,于后一章节再阐述.

7.3 模拟仿真

相对解析解和数值解,模拟仿真是希望同学们极力避免随意使用的方法.先前提到过,随着问题假设的不断递进式修改、接近真实情况,数学模型愈发复杂,挑战大家的能力极限,经历了解析解、数值解的递进式结论,最终不得不使用模拟仿真方法.模拟仿真方法本质上是一种数字实验,用来代替真实世界中的实验,用作观察、归纳、分析,优点在于可以在短时间内进行大量模拟实验,这只需要通过键盘调整几个参数,多占用些计算机资源即可,而无需在真实世界中作大量准备工作.

我们这里仍然使用 Excel 作洗牌问题的模拟仿真演示,读者可以简要阅读体会过程,其中涉及的代码逻辑并非这里的重点.而对于有一定代码基础的读者,使用专业软件将是更好的选择.

	A	B	C	D	E	F	G
1	牌堆总数=	52					
2	序列分割置信区间=	0.9					
3	序列分割=	19			检验:	TRUE	
4	序列	序列左手	序列右手	随机放牌	随机左手放牌	随机右手放牌	第三序列
5	1	1	0	0	1	19	1
6	2	2	0	1	1	20	20
7	3	3	0	1	1	21	21
8	4	4	0	1	1	22	22
9	5	5	0	1	1	23	23
10	6	6	0	1	1	24	24
11	7	7	0	1	1	25	25
12	8	8	0	1	1	26	26
13	9	9	0	1	1	27	27
14	10	10	0	0	2	27	2
15	11	11	0	1	2	28	28
16	12	12	0	0	3	28	3
53	49	0	49	1	19	49	49
54	50	0	50	1	19	50	50
55	51	0	51	1	19	51	51
56	52	0	52	1	19	52	52

图 7-3 Excel 模拟仿真效果展示

如图 7-3,各个单元格输入的公式为:

B1、B2 为常数展示;

B3 依据正态分布分割左右手牌序列,设置为"=ROUND(B1*NORM.DIST(NORM.INV(1-B2,0,1)*2*(-0.5+RAND()),0,1,TRUE),0)";

A5 至 A56 为自然数序列自动填充;

B5 为"=IF(ROW(A5)-4<=B$3,A5,0)",通过非 0 值展示左手

序列,B6 至 B56 据此自动填充;

C5 为"=IF(ROW(A5)−4>B\$3,A5,0)",通过非 0 值展示右手序列,C6 至 C56 据此自动填充;

D5 为"=IF(RAND()<B\$3/\$B\$1,0,1)",根据左右手总牌数比例随机放置第一张牌,0 表示左手,1 表示右手;

D6 为"=IF(SUM(D\$5:D5)<(\$B\$1−B\$3),IF(COUNTIF(D\$5:D5,0)<B\$3,IF(RAND()<(B\$3/\$B\$1),0,1),1),0)",根据左右手剩余牌数比例随机放置下一张牌,0 表示左手,1 表示右手,并且若一侧放完了牌,则只能放另一侧的牌,D7 至 D56 据此自动填充;

E5 为"=COUNTIF(D\$5:D5,0)",记录最近放下的一张左手牌,E6 至 E56 据此自动填充;

F5 为"=SUM(D\$5:D5)+B\$3",记录最近放下的一张右手牌,F6 至 F56 据此自动填充;

F3 为"=IF(B\$3+SUM(D:D)=\$B\$1,TRUE,FALSE)",作为补充检验;

G5 为"=INDEX(A\$5:A\$56,IF(D5=0,E5,F5))",计算得到新序列当前位置的牌,G6 至 G56 据此自动填充.

至此完成了 Excel 表格对于一次鸽尾式洗牌的模拟仿真. 这里的仿真展示没有完全依据先前章节的定义,仅仅用作展示模拟仿真过程的示例. 适当的 Excel 公式使得这样的模拟仿真可以方便地扩展到不同牌总数的情形. 同样的,尽管这里只仿真了一次洗牌的效果,选取 B4 至 G56 直接复制到 H4 单元格,或者选取 G5 至 G56 直接复制到 A5,都可以快速地迭代出再一次洗牌的结果,并且可以以此类推,观察到迭代若干次洗牌后的结果. 许多仿真结果也会通过数据可视化来方便观察,这一点和 7.2 节中对于数据可视化生成图像曲线的处理类似,此处不再展示. 另外这个仿真过程也没有引入洗匀的定义,因此给出的结果并不包含是否洗匀的判断.

可以看出此处对于洗牌过程的模拟由于完全没有对问题和模型的简化,所使用的代码量因此明显要多出许多,这也是将本应用于建立模型和简化模型的功夫全部积累在仿真求解步骤上的结果. 尽管如此,希望读者仍然尝试着理解这些代码公式,并将其输入 Excel 表格中去;体会模拟仿真的过程、概念、作用,亲眼观察这个完整表格,观察每一次洗牌的结果,体会在数字实验中分析实验现象与在真实世界中做实验的区别;也体会其与解析解法、数值解法在过程和结果上的比较.

最后要注意的是,对于中学生而言,特别对于掌握了扎实的数学软件与程序代码基础的同学,常常会偷懒于思考真正的数学建模过程,只是把问题的描述以代码语言输入电脑,敲一下回车键,然后去睡一觉,等待程序运行完成,就能得到看似不错的结论.这并不能称作数学建模,而仅仅是程序建模.缺乏了核心的数学过程,这只是借用了现代计算机的先进成果,而自己丝毫没有参与其中的创新性过程.笔者并不反对模拟仿真方法,但不提倡仅仅使用模拟仿真方法,不提倡不经思考就使用模拟仿真方法.

7.4 练习与思考

1. 设某商品在一个月内的销售量为 S,现市场保有量为 $T=9780$(所有消费者已购买持有的数量),市场饱和量为 $M=671430$(所有消费者最多需要的商品数量),商品售价为 $P=70$ 元/个,商品成本为 $C=30$ 元/个,商家对该商品投入的广告费用为每月 A 元,商家运营每月固定成本(商铺租金等)为 $R=13000$ 元.已知前两个月的营业数据如表 7-1 所示.

表 7-1 前两个月营业数据表

	第一个月	第二个月
广告费用 A(元)	12500	15000
月销量 S(个)	4755	5025

(1) 假设该商品具有快消品属性,每位消费者持有 2 个月后商品即失去使用价值;如有必要可以引入其他变量和假设,并试提出商家利润最大化的广告费用策略.

(2) 在第(1)问的基础上,请你再给该商品添加一种属性假设(功能、类型、生产、折旧、需求、宣传、回收……),这会怎样影响消费者的行为和商家的行为? 修改你的模型,试提出此时商家利润最大化的广告费用策略.

(参考解答:第 94 页)

2. COVID-19 传染病模型.

模型假设：

在疾病传播期内意大利地区的总人数 $N=60480000$ 人不变（含死亡病例），其中分为健康者 S 人、感染者 I 人和病愈免疫者（含死亡病例）R 人.

感染者的日传染率为 $\lambda=0.17$，日治愈/死亡率为 $\mu=0.029$.

即每日新增病人人数 ΔI_1 与当前感染者人数 I 成正比，与可被感染的健康者人数 S 成正比，与人群的聚集程度即总人数 N 成反比，比例系数为 $\lambda=0.17$.

每日治愈病人人数 $-\Delta I_2$ 与当前感染者人数 I 成正比，比例系数为 $\mu=0.029$.

每日新增病愈免疫者人数 ΔR 等于每日治愈病人人数 ΔI_2.

每日减少的健康者人数 $-\Delta S$ 等于每日新增病人人数 ΔI_1.

初始的首日感染者人数为 I_0；初始的首日健康者人数为 $S_0=N-I_0$.

(1) 图 7-4 为意大利自 2020 年 1 月 31 日至 3 月 18 日共 48 天期间的 COVID-19 感染者人数统计，使用 Excel 或其他软件工具，生成 48 天的感染者人数模拟数据；与意大利感染者人数统计图作比较，设定适当的初始值，并以适当的图表形式展示.

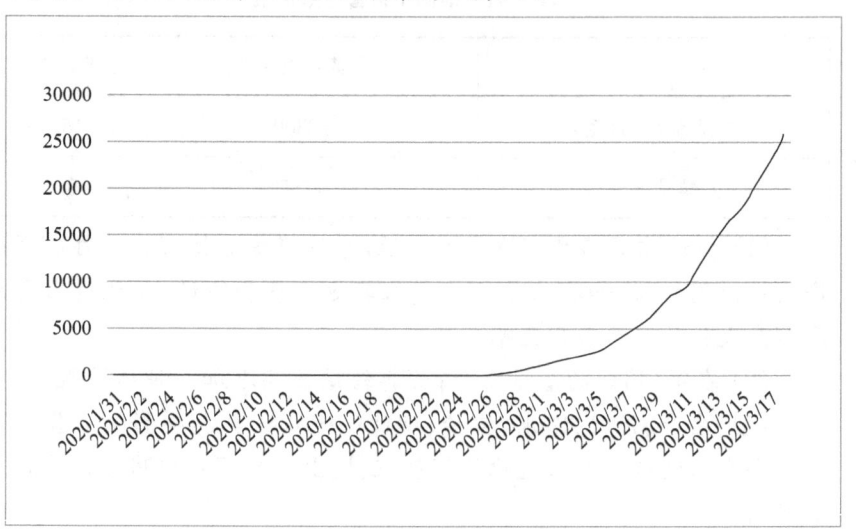

图 7-4 意大利 COVID-19 存量患者（48 天）

(2) 使用第(1)问中的参数和数据,继续向后预测至共 124 天的感染者人数. 与图 7-5 意大利自 2020 年 1 月 31 日至 6 月 2 日共 124 天期间的 COVID-19 感染者人数相比较,试分析两者的区别及其意义.

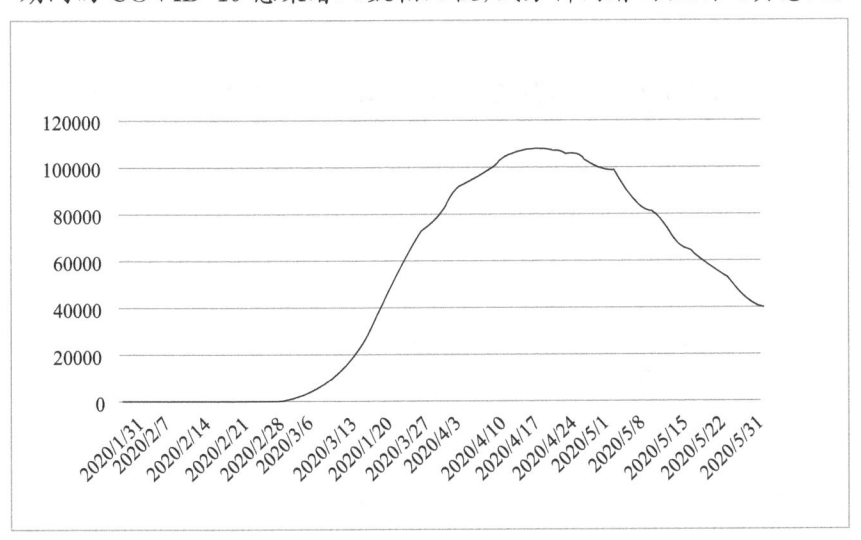

图 7-5 意大利 COVID-19 存量患者(124 天)

(参考解答:第 96 页)

8. 对数学模型及其结果的分析与补充

求解得到数学模型的结果,并不意味着整个数学建模问题得到完整解决,很多时候这甚至只是一个开始,特别是想要精益求精、把问题的解决方案做得更好的时候.

8.1 对模型结果的现实意义解读

严格来说,数学模型所解得的结果是一个纯数学结果,而解决问题所需要的是一个符合现实世界描述的结果表达,因此对模型的结果进行现实意义的解读本质上是通过数学建模解决问题的一个必经的步骤. 然而实际上,这一个步骤往往并不与求解步骤有明确的分离. 例如我们在第 7 章中已经通过解析解法、数值解法得到了"经过 11 次鸽尾式洗牌后,牌堆就有大于 50% 的概率被洗匀,即可以认为洗匀了"的结论,这样一个语言的表述已经蕴含了模型结果在现实意义层面的解读了. 我们很容易通过回顾发现,整个求解的过程,其实是先得到了"当 $r \geqslant 11$ 时,$P >$ 50%"——这就是一个纯数学表达的模型结论;然后我们加工表述为"经过 11 次鸽尾式洗牌后,牌堆就有大于 50% 的概率被洗匀"的现实意义解读. 这个过程就是这里所说的将模型结果进行现实意义解读的步骤,同时也正是因为纯数学表达并不适合信息交流,我们本来就是更加适应去理解一个有现实意义解读的语句. 因此在交流的过程中,这个从纯数学到现实意义解读的步骤也不常有明确的分离.

中学生也需要知道,我们研究的问题深度仍然有限,随着年龄与学历的增长,我们可能会遇到更多抽象程度更高的问题解决,到那些时候,极其抽象的数学结论就不是那么自然地有一个现实意义解读了,这个必经步骤将不得不有一个刻意且困难的过程.

8.2 分析模型结果与现象观察的异同

数学建模最终是为了解决实际问题,因此其结果与实际现象的比较是检验数学模型正确性或吻合度的最重要标准. 我们已经得到了"经过 11 次鸽尾式洗牌后,牌堆就有大于 50% 的概率被洗匀,即可以认为洗匀了"的结论. 然而我们很容易结合生活经验得知:我们平时对 52 张牌进行牌局游戏与鸽尾式洗牌时,往往只会进行 3~6 次鸽尾式洗牌,就会认为已经洗匀了,并且通常不会在下一局对局中对牌堆未被洗匀有直观的感受. 那么这就是模型结果与实际现象观察结果之间的一个明显的不同. 我们不会说这些不同点否定了整个模型或结论,这些分析是后续模型修改的方向指导,是进一步优化改进模型的重要信息.

在实际的数学建模活动中,同学们应当意识到,模型结果与现象观察的比较,既包括生活经验中的现象观察,也包括刻意设计的实验现象观察. 生活经验是数学模型最终实践、最核心的评价场景,而设计实验是为了便于放大观察某些特定现象并检验数学模型在边缘情况下的一致表现. 这两类现象观察的手段都具有重要意义,应当积极应用到数学建模活动过程中去.

8.3 分析模型结果与仿真观察的异同

在一些情况下,观察实际现象本身也可能存在一定困难,例如一些社会统计学问题、天文尺度或原子尺度科学问题,等等. 这些实际问题本身并非总是正在发生,或是不便于设计实验反复观察,或是实验经济成本高昂,或是实验在时间空间尺度跨度过大,此时我们就会把数学模型与计算机仿真结果相比较. 计算机仿真实验作为真实实验的一种替代,可以在短时间内取得大量观察数据,尽管本身受限于程序设计带来的一些误差,但其以量取胜,还是有不可忽视的价值的. 在 7.3 节中也提到过,仍然希望中学生(特别是有一定编程能力的中学生)不要过于依赖仿真实验. 站在数学模型的角度看,仿真缺乏对问题本质的抽象提取,而站在实验观察的角度看,我们总是在有条件的情况下优先设计真实实验. 我们鼓励中学生走到实验室里、走到户外进行实验数据的搜集,而不是用程序仿真代替这些.

这里我们使用 7.3 节中的 Excel 仿真文件,计算并汇总了经过若干次洗牌以后的牌堆序列如图 8-1 所示.可以通过观察发现,经过 3 次洗牌以后,仍然会有不少原序列的连续 3 张牌;经过 5 次洗牌以后,有不少原序列的连续 2 张牌;经过 6~7 次洗牌以后,基本很难从中发现具有规律性的序列.当然要注意到,我们这里对于洗匀的定义没有沿用 4.1.3 节中保持玩家胜率公平的定义,而是采用了更加直觉化的观察结果.仿真实验观察结果比模型结果少 3~5 次,比 8.2 节中生活经验结果多 0~4 次.这些结果有力支持了 8.2 节中关于误差现象的观察结果,同样应当用于指导后续的模型优化改进,这里不再展开.

序号\洗牌次数	1	2	3	4	5	6	7	8	9	10	11	12
1	1	19	19	19	15	15	2	2	2	2	2	2
2	9	1	1	32	45	45	42	42	38	38	38	38
3	10	20	20	1	19	19	3	29	27	27	27	27
4	11	21	21	13	46	46	32	3	42	42	34	34
5	12	2	45	14	33	33	22	11	29	29	9	9
6	13	22	46	20	34	29	43	32	3	3	42	42
7	14	23	2	50	2	41	35	22	52	52	29	25
8	15	24	22	21	32	34	44	43	11	11	3	29
9	16	9	23	15	22	18	30	35	32	32	52	3
10	17	25	24	45	35	2	1	44	17	17	11	52
11	18	26	9	46	1	42	15	30	22	22	32	11
12	19	27	25	33	23	3	31	1	21	21	33	32
13	20	10	26	34	4	32	23	15	43	43	17	33
14	21	28	27	2	5	22	4	31	35	35	22	17
15	2	11	10	22	24	43	20	23	44	44	41	22
16	22	29	28	35	13	35	47	4	39	39	21	41
17	23	3	11	23	51	44	5	20	30	30	43	24
18	24	30	29	4	16	30	24	47	1	1	35	21
19	25	31	3	5	9	1	45	5	15	15	44	43
20	26	12	30	24	25	31	12	24	31	31	39	35
21	27	32	31	51	6	23	48	45	23	36	30	44
22	28	13	47	16	36	4	13	12	40	23	49	39
23	29	14	12	9	26	20	19	48	4	40	50	30
24	3	15	48	25	37	47	51	13	20	4	8	49
25	30	33	49	6	38	5	16	19	14	20	1	50
26	31	34	32	36	27	24	46	51	47	14	15	8
27	32	35	13	26	52	12	9	16	7	47	31	45
28	33	4	14	37	39	48	33	46	5	7	36	1
29	34	5	50	38	7	13	49	9	24	5	23	15
30	35	16	15	27	10	51	50	33	45	24	40	12
31	4	6	33	52	8	16	25	41	12	45	4	31
32	5	36	34	39	28	9	6	49	48	12	20	36
33	6	37	35	7	11	49	36	50	13	48	14	48
34	36	38	4	10	17	50	26	25	19	13	10	13
35	37	39	5	8	40	25	37	6	51	19	47	23
36	38	7	51	28	14	38	36	16	51	7	40
37	39	8	16	11	29	36	27	26	46	26	5	4
38	7	17	6	17	41	26	52	37	34	16	25	20
39	8	40	36	40	18	27	38	17	38	9	46	24	14
40	40	41	37	29	42	38	39	27	33	34	45	19
41	41	18	38	41	3	27	7	52	41	9	12	10
42	42	42	52	18	43	52	10	17	49	33	48	47
43	43	43	39	42	44	21	8	21	50	41	13	7
44	44	44	7	3	30	39	28	39	10	49	19	6
45	45	45	8	43	31	7	29	40	25	50	6	51
46	46	46	17	44	20	10	11	14	8	51	5
47	47	47	40	30	47	8	41	7	36	10	37	37
48	48	48	41	31	12	28	17	34	26	25	18	18
49	49	49	18	47	48	11	40	10	8	6	26	26
50	50	50	42	12	49	17	14	8	37	37	16	16
51	51	51	43	48	50	40	34	18	32	18	28	28
52	52	52	44	49	21	14	18	28	28	46	46

图 8-1 Excel 仿真文件的若干次洗牌模拟结果汇总

8.4 数值解的敏感度分析

当数学模型中的一些参数、变量存在不确定性的时候,我们经常引入敏感度分析.敏感度分析用于验证特定变量具有典型意义,不改变模型结论.反之,一旦敏感度分析得到了相反的结论,意味着模型需要修改.

8.4.1 数值解典型参数的敏感度分析

在先前的扑克牌洗匀问题求解中,我们仅求解了洗匀 52 张扑克牌所需要的次数.这里,"52"就是该数值解的典型参数.于是,我们需要更严谨地探索,对于洗匀 N 张牌,当 N 取其他不同整数值时,洗匀所需要的次数结论是否不变?或者是否洗匀次数结论呈现某种稳定的变化规律?这些我们期待的分析结果被称为结论对于该典型参数(扑克牌张数 N)不敏感.反之,如果结论对于扑克牌张数 N 敏感,则是我们所不期待看到的结果.例如随着 N 的变化,$N=52$ 时的洗牌次数是一个异常值且与 N 取其他相近整数时的结论有显著差距.

通常,敏感度分析与模型的数值解法密不可分.本质上,敏感度分析往往就是将先前使用的典型参数值变更为其他数值,重新代入数值解法中运算,并观察规律.根据实际问题的不同,这里的参数值可能会尝试取上百个不同的值进行计算、观察.显然,这是一个批量重复的工作,是更适合使用计算机程序代劳的步骤.通常由于先前模型中代入参数典型值已经完成了一次数值求解,那么对程序代码稍作修改再求解上百次也并非难事.对于中学生而言,如果缺乏足够的程序设计能力,那么将这里的敏感度分析简化为较少的 3~5 次不同参数值的尝试也是可以接受的.

这里我们演示引用 7.2 节中的数值求解过程,并将图 7-1 中 B1 单元格中扑克牌张数的取值进行多次手动修改,汇总每次计算结果形成如图 8-2、图 8-3 所示的敏感度分析过程.

在本例简单的敏感度分析中,我们只是将不同扑克牌总数参数值情形下的洗牌计算结果叠加显示在图 8-2 中,就已经可以得到模型稳定、关于扑克牌总数不敏感的初步结论——对于不同的扑克牌总数,洗匀概率随洗牌次数的变化关系曲线都呈现大致相同的变化趋势.而在图 8-3 中我们将不同扑克牌总数情形下洗匀概率大于 50% 所需的洗牌次数连接成折线,也能看到曲线平滑、没有突变.我们还可以从该图中进一步通

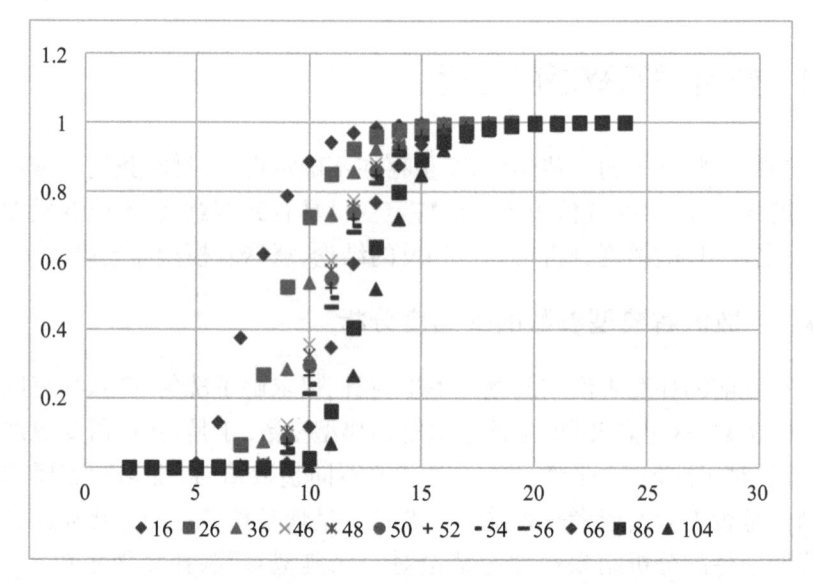

图 8-2　不同扑克牌总数下洗匀概率随洗牌次数的变化关系

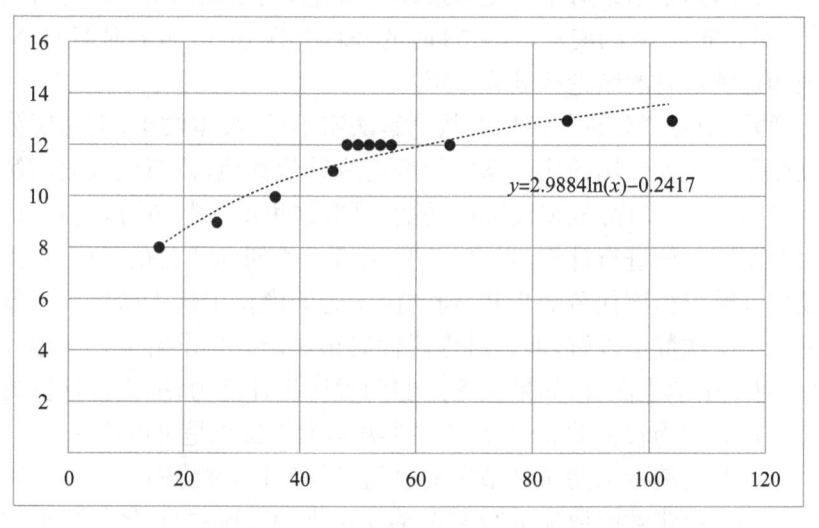

图 8-3　不同扑克牌总数下洗匀概率大于 50% 所需洗牌次数

过拟合预测洗匀所需次数 n 关于扑克牌总数 N 的函数关系：

$$n(N) = 3\ln N \quad\quad 式 8.1$$

我们这里暂不探讨散点图拟合的相关知识,仅从结论出发,如果能够在敏感度分析中得到一个更广泛的可预测表达式,那么这样的敏感度分析也是成功的,进一步提升了模型价值.这样通过枚举的数值计算得到表达式的敏感度分析也是数学建模的一种常用方法.

在这个例子中,我们需要注意的另一个点在于敏感度分析中参数值的选取——一方面我们在典型值 $N=52$ 附近进行了密集的采样观察,也在远离典型值的 $N=16$ 和 $N=104$ 处进行了采样观察. 前者是为了证明模型在典型值附近的稳定性,而后者则是给总体数量关系的拟合函数式做了铺垫.

8.4.2 拟合模型参数的敏感度分析

这里,我们另外展示一个模型关于参数敏感的例子. 我们使用上一节计算得到的不同扑克牌总数下洗匀概率大于 50% 所需洗牌次数以及得到的进一步拟合表达式 $n(N)=3\ln N$(式 8.1). 我们注意到该表达式基于形式 $n(N)=k\log_a N$,共使用了两个参数:系数 $k=3$ 以及底数 $a=e$. 如果我们尝试稍微修改这两个参数——例如考虑我们在数值计算的过程中的一些误差或者数值计算的输入条件有略微的改变,再来观察模型曲线的吻合程度,如图 8-4 所示,底数与系数的稍许修改并不影响模型曲线的整体趋势,各数据点的误差偏离方向一致、符合预期,不会出现个别数据点严重偏离模型的情况.

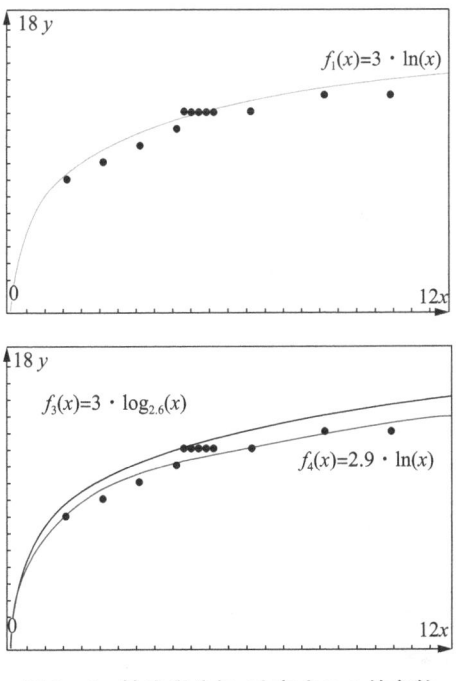

图 8-4 敏感度分析:改变式 8.1 的参数

作为对比,我们另外举例同样数据集的另一个拟合表达式:
$$n(N) = 3.4 \times 10^{-7} \times N^4 - 7.8 \times 10^{-5} \times N^3 + 5 \times 10^{-3} \times N^2 + 7$$
式 8.2

显然这个四次多项式是一个过拟合的表达式,我们在这里只是通过这个极端的例子来解释说明拟合模型参数的敏感度分析的负面情形. 如图 8-5 所示,式 8.2 本身确实能够较为准确地拟合数据集. 但是如果稍许改变表达式中的二次项系数参数,结果观察到了模型曲线的激烈变化,部分数据点出现了严重偏离模型的情况,模型整体趋势不能维持. 这说明,在这个四次多项式模型下,我们无法确保数值计算过程中产生的误差足够小或者数值计算的输入条件足够稳定以适用于该模型表达式. 换句话说,我们认为这个模型表达式是不合适的,其稳定性与容错性不足以胜任对这个洗牌问题的解的预测.

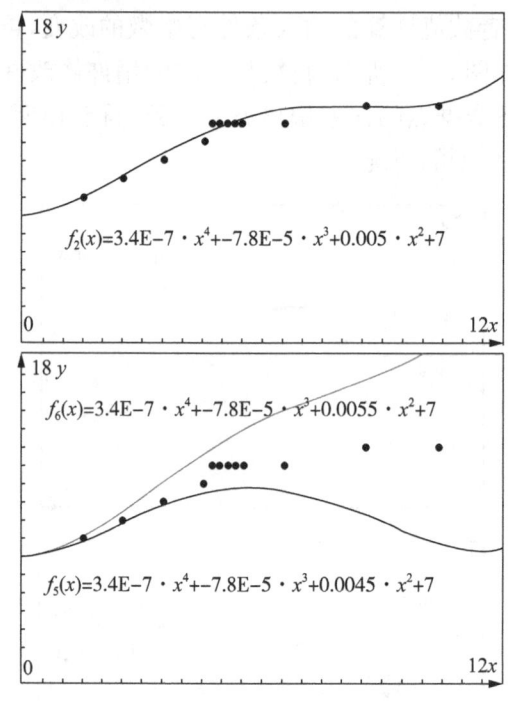

图 8-5 敏感度分析:改变式 8.2 的参数,其中:
$$f_2(x) = 3.4 \times 10^{-7} \cdot x^4 - 7.8 \times 10^{-5} \cdot x^3 + 5 \times 10^{-3} \cdot x^2 + 7$$
$$f_5(x) = 3.4 \times 10^{-7} \cdot x^4 - 7.8 \times 10^{-5} \cdot x^3 + 4.5 \times 10^{-3} \cdot x^2 + 7$$
$$f_6(x) = 3.4 \times 10^{-7} \cdot x^4 - 7.8 \times 10^{-5} \cdot x^3 + 5.5 \times 10^{-3} \cdot x^2 + 7$$

8.5 模型的修正与递进

最后,通过以上这些对模型计算结果的分析与补充,其目的仍要回归到对模型的修正与递进. 我们根据 8.2 节与 8.3 节中分析的模型计算结果与现象观察和仿真观察的异同,来重新分析猜想误差来源,并重新修改假设与问题描述. 例如,我们可以猜想模型结论与生活经验不符,是否可能是因为对扑克牌重新洗牌与从桌面收拢的散乱牌堆具有不同的初始状态? 是否可能是因为我们对可以认为洗匀的定义过于苛刻,而实际生活中我们对洗匀的感知其实很粗糙? 是否可能是因为对于洗匀的定义有进一步改进空间? 条件允许的情况下,我们总是希望进一步优化模型、缩小模型结果与实际现象的差距.

相应地,我们在接下来的修正递进模型中应用新的假设并重新循环建模流程. 例如,我们可以改进:

或假设从桌面收拢散乱牌堆就具有了一次洗牌效果;

或假设我们对于洗匀的定义修改为对于牌堆内任意的长度超过 $\eta = 4$(考虑玩家人数或其他典型值)的牌序列子列出现的概率具有尽可能的均匀分布;

或假设我们对于洗匀的定义修改为进一步量化计算牌堆序列的概率分布与均匀分布之间的"距离",并重新评估可以认为洗匀的边界;

……

这里受限于后续探究的数学难度,本书不再拓展.

在具体的数学建模论文当中,模型的修正与递进通常体现为论文中具有递进关系的段落,即通过若干段落分别阐述具有递进关系的几个数学模型及其计算结果与结论. 这里需要说明的是,一方面,我们在论文中应避免大量段落描述研究过程中所走过的弯路;但另一方面,递进的数学模型是否属于研究过程中的弯路、是否应当呈现在论文当中,还是需要根据具体情况进行判断. 一般来说,数学模型经过改进以后,如果不仅使用了更加贴近真实情况的假设,同时也得到了更为简洁的结果形式,那么原先的数学模型就应当认为是弯路,在论文中不宜大段论述. 相对地,如果改进的数学模型虽然能够得到更加精确的结果,但是形式与计算更为繁复,那么我们可以将先后两个数学模型视作有着不同适用场景的两个递进关系的模型,将它们先后完整地呈现在论文中——即让论文读者有灵活的选择,在需要简要估算的时候可以应用更简洁的数学模型,而在需要精确计算的时候应用更繁复的数学模型,两者之间呈现出使用成本与计算收益正相关的递进关系,两者都是数学建模论文中重要的研究成果.

另外,在一些情况下,数学建模论文中也可能出现若干个并列而非递进关系的模型论述. 即通过模型的修正,所研究得到的数学模型并不具有递进的应用关系,而是对于问题的不同并列情形的适用关系,类似于对实际问题的分类讨论结果.

8.6 练习与思考

1. (实验作业)生物体细胞内的酶是一种蛋白质,负责催化生物体的大部分化学反应活动. 它们充当催化剂,加速化学反应的物质,在此过程中不会被破坏或改变. 酶非常有效,可以一遍又一遍地使用. 一种酶每秒可以催化数千次反应. 让酶起作用的温度和 pH 值都非常重要. 大多数生物体都有一个理想的生存温度范围以及适宜的 pH 范围,它们的酶可以在该温度范围内发挥最佳功能. 如果酶的环境太酸性或太碱性,酶蛋白可能会不可逆地变性破坏,直到它不再具有正常功能所需的形状. 许多生物体细胞内(肝脏)都含有过氧化氢酶,通过过氧化氢酶酶解过氧化氢(H_2O_2).

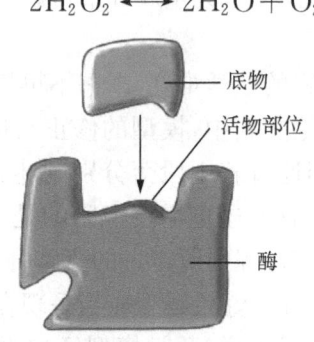

$$2H_2O_2 \longleftrightarrow 2H_2O + O_2$$

图 8-6 酶催化示意图

要研究过氧化氢酶的催化能力可以通过它催化的化学反应速率来进行研究.

化学反应的速率可以通过多种方式测定,包括:

- 测量产品的出现率(在本例中为 O_2,以气体形式释放);

- 测量底物的消失率(在本例中为 H_2O_2);
- 测量产品出现时的压力(在本例中为 O_2 的产生对容器的压力);

实验内容和要求:
- 搭建一个合理的装置用于测定不同 pH 与温度条件下的反应发生;
- 设计一个实验来探究 pH 与温度的改变对过氧化氢酶催化活性的影响;
- 设置一个规范的催化速率测定模型;
- 进行实验操作、记录实验数据;
- 撰写实验报告、建立数学模型,得出过氧化氢酶催化的最适 pH 值与温度.

(尽可能自己动手进行实验,体会数学建模联合实验观察解决实际问题的过程.如果你缺乏实验条件,可以使用参考解答中的实验数据进行数学建模)

(参考解答:第 99 页)

9. 归纳结论

通过数学建模方法研究问题,最终步骤以归纳结论收尾.问题研究本身可能并没有结束,但是论文总有一个总结结论.也许问题研究受限于时间精力或受限于研究条件,需要暂时告一段落,在此作出总结,而对于研究未能继续的部分则作出展望.

至此,问题研究与解决基本告一段落,本章内容侧重于对论文撰写的一些建议,以下仅作简要概述.

9.1 从模型返回真实

在数学建模论文的最后,总结性地将模型结论在现实中的解读进行阐述,是模型应用于现实生活的最终检验.本质上与 8.1 节对模型结果的现实意义解读具有相同的内容,但是对于模型仍然有瑕疵的地方不再继续研究了.

结合 8.4 节数值解的敏感度分析,我们这里可以作出总结:

经过 11 次鸽尾式洗牌后,52 张牌的标准牌堆可以认为洗匀;而对于其他情形的 N 张牌堆的鸽尾式洗牌,大约需要 $n(N) = 3\ln N$ 次洗牌就可以认为洗匀.

9.2 总结与摘要

总结与摘要是论文撰写中尤其重要的环节.摘要是论文的第一印象,决定了其他读者或者竞赛评委是否会打开论文正文进行完整的阅读.摘要通常受限于篇幅,是论文总结的简化阐述.撰写论文的总结与摘要,通常从思维思路、过程方法、效用数值、未来展望这几个方面着手陈述.

9.2.1　思维思路总结

在论文总结与摘要当中体现研究的思维思路,可以让读者快速了解论文框架.

例如:本文探究了洗匀一副扑克牌所需的最少次数问题.以 52 张扑克牌鸽尾式洗牌为例,将扑克牌序列抽象为自然数序列,对洗牌过程进行数学建模,抽象描述为矩阵变换过程.并定义了任意初始序列下,洗牌所得序列的各自然数排列出现的概率具有近似相等的均匀分布即可视作洗匀.而后将洗牌过程简化为对每张牌的二进制赋值排序问题,通过概率计算得到洗牌次数与洗匀概率的关系式,以概率突变点视作洗匀所需次数.最终,通过改变扑克牌总数的值,得到洗匀次数关于不同扑克牌总数的数据集,使用数据拟合方法拓展结论至任意总数扑克牌的洗匀所需次数.

9.2.2　过程方法总结

在论文总结与摘要当中展现具有创新性的研究方法,展现解决问题过程中突破难点的研究过程,体现研究的原创价值.

例如:本文为了对洗牌过程建立数学模型,证明了与鸽尾式洗牌等价的逆洗牌过程:即对牌堆中的每一张牌等概率地标记 0 或 1,然后将所有标记为 0 的牌不改变相对顺序地集中在牌堆上方,而标记为 1 的牌不改变相对顺序地集中在牌堆下方.由此,对于 n 张牌的 r 次洗牌即可视作标记 n 行 r 位二进制数所形成的矩阵,而后即可计算该 n 行 r 位二进制数中没有任意两个相同的数的概率视为洗匀的概率.

9.2.3　效用数值总结

在论文总结与摘要当中体现研究的效用数值,可以让读者快速了解论文的有效成果.

例如:由所得概率计算表达式,代入 52 张扑克牌 r 次洗牌的初始参数,观察曲线可见洗匀概率在 11 次洗牌时有突变上升并首次大于 50%. 而代入 16～104 张不等的扑克牌总数,分别计算其洗匀次数形成数据集,观察曲线并拟合,可见对于其他情形的 N 张牌堆的鸽尾式洗牌,大约需要 $n(N)=3\ln N$ 次洗牌就可以认为洗匀.

9.2.4 未来展望

论文总结中陈述未来展望,主要包括研究的优点、缺点以及改进方向.

例如:本研究定义并证明了严谨的洗牌数学过程,得到了洗匀概率的量化计算表达式,并可扩展到任意总数的扑克牌洗匀问题.但研究所得结论与日常生活经验仍有误差,在后续的研究中或可考虑放宽扑克牌洗匀的定义.例如洗匀定义修改为对牌堆内任意的长度超过 $\eta=4$(考虑玩家人数或其他典型值)的牌序列子列出现的概率具有尽可能的均匀分布或洗匀定义修改为量化计算牌堆序列的概率分布与均匀分布之间的"距离",并重新评估可以认为洗匀的边界.

9.3 练习与思考

1. 地球对人口数量的承载能力是多少?

（1）在当前情形下,确定并分析你认为对限制地球人口承载力的主要因素.

（2）使用数学建模来确定在当前情形和技术下,地球对人口的承载能力.

（3）在可预期的未来,人类在实际生活中能够做些什么来提高地球对人口的承载能力?

尝试撰写一篇完整的论文报告,并与同学交流分享.

（参考解答:第113页）

结束语

我们对于扑克牌洗匀问题的探究到这里暂时告一段落了.注意到整个问题探究过程中,我们相对简略地叙述了发现问题、搜索文献以及撰写总结、提交论文的步骤.本书的重点在于希望同学们能够在模型的建立、简化、求解的具体步骤中体会数学建模的核心过程.如同学习许多新技能一样,学习数学建模也是从模仿开始的.祝愿同学们在未来参与的数学建模活动中,能从亦步亦趋的摸索,渐渐迈出独立坚实的步伐.

本书附有各章练习题的参考优秀论文,同学们在阅读这些论文或者是未来阅读更多的数学建模论文的时候,应当记得本书所述的数学建模的核心步骤,这些优秀论文是如何落实了建立模型、简化模型、求解模型的各个步骤.要在阅读中吸收作者的思路方法,而不能止步于获得一个狭窄问题的解决方案.具体来说,把别人论文过程在自己的手中复现:把别人论文中的数学方法自己再验算一遍,把别人论文中的程序代码自己再实现一遍,把别人论文中的图表排版自己再设计一遍,这样就是所谓论文的精读与精学.最后,积累了一定时间的数学建模学习后也要积累自己的自信,对别人论文中的优点与缺点要能大胆评判,更重要的是能给出自己的改进思路,能站在前人的肩膀上勇于攀登.

最终总有实践来检验同学们的学习成果,能完成自己独立原创的数学建模作品将是更加欣喜的.我们鼓励同学们以团队形式参与数学建模原创作品活动,团队分工使得各个同学充分发挥自己的特长,团队头脑风暴有助于捋清问题思路、发散思维方向,从中体现的团队领导能力或者团队合作能力也是在数学建模以外广泛发光发热的重要技能.

最后,祝愿同学们在数学建模活动中收获成功、收获乐趣!

练习与思考范例解答

1. 什么是数学建模

1. 以下例子是不是对事物建立的模型？是不是数学模型？

   (1) 窗户长 2 米，宽 1.5 米．

   (2) 使用乐高积木搭建的房子．

   (3) 某班级全体学生的姓名、学号表格．

   (4) 时钟显示现在是八点整．

   (5) 松树和银杏都是树．

   (6) 万有引力定律．

   (7) 这盘宫保鸡丁很香．

   (8) "鼠"标（mouse）．

   (9) $y=2x+3$．

   (10) 某国 10 年来年均 GDP 增长率为 7%．

解答

(1) 使用了矩形的数学概念模型，长与宽指代窗户首先必须是一个矩形．

(2) 这里可以认为，使用了"房子"这一模型概念，但是它不是数学模型．显然乐高积木搭建的房子并不是真正的房子，而是抽象了房子特征概念的事物．

(3) 使用了以表格为形式载体的，函数映射关系的数学模型．学号通常使用了整数数列概念的数学模型．

(4) 这里可以认为，使用了数与时间概念间建立的函数对应关系的数学模型,即对时间的表达抽象为整数数列.

(5) 对于具体的事物,可以认为这里没有使用模型的思想. 与此同时,这里也可以认为"树"一词含有模型思想,即所有具备"树"的特征的事物,借用了数学的集合概念. 又由于这里对于"树"的概念并没有严格定义,仅限于日常宽泛的理解,所以这里只是说借用了集合概念.

(6) 典型的使用数学公式表达的物理定律,是数学模型.

(7) 一般不认为该句使用了模型思想.

(8) 作为已经固化的词汇,可以认为不再具有模型思想. 但是若考虑到词源,该词汇借用了老鼠外观特征,抽象出了事物的外形信息,具有一定的模型思想.

(9) 一般认为,当 y 与 x 没有被赋予意义时,该例子不能看作是数学模型. 然而,如果认为此处 y 就是代表 y,x 就是代表 x,那么也可以认为这是一个数学模型,只不过这个模型本身缺乏意义.

(10) 此处使用了多处数学模型:"年均"一词提到了平均数的数学模型;"增长率为 7%"提到了等比数列的数学模型. 它们都是蕴含了很多信息量的词汇,需要读者具备相应的数学知识才能理解,从而找到符合数学模型使用少量数学符号展现大量数学信息的特征.

2. 小郑同学尝试使用数学建模方法研究烹饪温泉蛋. 温泉蛋的蛋清和蛋黄均为不透明的半流质状态, 其中一种做法是将鸡蛋泡入刚煮沸的水中若干分钟, 然后取出自然冷却若干分钟. 小郑查询文献得知: 蛋清从 70℃开始凝固(半流质), 82℃时完全凝固, 而蛋黄从 64℃开始凝固(半流质), 72℃时完全凝固. 小郑认为, 影响温泉蛋形成的因素有热水浸泡时间和冷却放置时间, 并通过实验得到了部分数据如下表所示. (根据食品卫生建议, 鸡蛋应当完全煮熟食用)

表1-1 影响温泉蛋形成的热水浸泡时间与冷却放置时间部分数据表

热水(90℃以上)浸泡时间	冷却放置时间	蛋清状态	蛋黄状态	是否为温泉蛋
5分钟	7分钟	透明	流质	×
6分钟	5分钟	透明	流质	×
7分钟	4分钟	半流质	半流质	√
7分钟	3分钟	半流质	半流质	√
7分钟	2分钟	半流质	流质	×
8分钟	3分钟	凝固	半流质	×
8分钟	2分钟	凝固	半流质	×

(1) 你认为小郑对温泉蛋形成影响因素的猜想是否正确? 你认为影响温泉蛋形成的因素(还)有哪些? 试将各个因素量化后, 建立数学模型, 猜想并写出满足怎样的不等式(组)时, 会成功得到温泉蛋?

(2) 试对蛋清和蛋黄的状态分别建立数学模型, 猜想并总结分别满足怎样的不等式(组)时, 能够得到 9 种不同的鸡蛋状态?

---------解答---------

解答者: 澧溪中学 初二(8)班 廖维壹

(1) 小郑的猜想是正确的, 通过表格中的数据控制变量可得出温泉蛋的形成因素与热水浸泡时间和冷却放置时间有关.

温泉蛋的形成因素不仅与外界的因素有关, 还与其本身的结构与导热系数有关.

首先, 先了解温泉蛋的形成原因: 使蛋清蛋白受到一定温度时开始变性, 且这个温度要分别控制得恰到好处, 蛋清从 70℃开始凝固(半流质), 82℃时完全凝固; 蛋黄从 64℃开始凝固(半流质), 72℃时完全凝固. 这两对模型对于温度要求不同, 但是它们是同一固体, 因此如果冷却放置时间太长，那么它们之间的热传导会使鸡蛋所有部位温度相同，且会向外界扩散热量.

由于题干里的信息全都是关于"热水浸泡时间"与"冷却放置时间"，那我们不妨从这两者之间来探求关于温泉蛋的形成条件.

设热水浸泡时间为 m，冷却放置时间为 n，温泉蛋情况即蛋白与蛋黄都为半流质情况设为 $f(x)$. 在 m 与 n 在某个范围之间时能满足 $f(x)$ 与 m,n 之间的关系. 根据题干中的表格可得：$m \leqslant 6$ 分钟时蛋清为透明状态，$m \geqslant 8$ 分钟时蛋清为凝固状态，在 $m=7$ 分钟时蛋清可以成为半流质状态，取其中的平均值，我们可以得出当 $6.5 \leqslant m \leqslant 7.5$ 时有机会使蛋清为半流质. 然后我们来推测 n 的值了，根据题干数据，当 $n \leqslant 2$ 分钟时蛋清的热还未传递到蛋黄，所以此时蛋黄还为流质，当 $n=3$ 与 $n=4$ 的时候蛋黄成功成为半流质，那么我们暂时可以推出当 $n \geqslant 2.5$ 分钟时可以成为半流质，但是很有可能 n 会有个上限，因为蛋清的总热量远远大于蛋黄，而且蛋清的凝固点 82℃ 远远大于蛋黄的凝固点 72℃，因此如果冷却放置时间太长的话，蛋黄的温度可能会升高，直到和蛋清温度一样，此时可能蛋黄已经凝固，所以保险起见，我们对 n 的范围还需要设一个最大值，保守一点就取 $2.5 \leqslant n \leqslant 5$.

因此，当满足 $6.5 \leqslant m \leqslant 7.5；2.5 \leqslant n \leqslant 5$ 这个不等式组时，m 与 n 的关系能够满足 $f(x)$，所以此时可以得到温泉蛋.

（2）因为蛋清是几乎直接与热水接触的，且它所带有的热量远远大于蛋黄，就算在冷却时将热传给蛋黄，但它也已经完成了蛋白质变性，所以可以几乎肯定蛋清的状态只与浸泡时间有关. 因此 $f(蛋清)$ 只与 m 有关.

既然已经知道了 $f(蛋清)$ 只与 m 有关，那根据题干中的数据可得出蛋清的三种状态只需满足这三个不等式，即蛋清透明时，$0 \leqslant m < 6.5$，蛋清半流质时，$6.5 \leqslant m \leqslant 7.5$，蛋清凝固时，$m > 7.5$.

蛋清的三种状态推完了，剩下的就是蛋黄了. 蛋黄不仅需要蛋清的热量，即 m 的因素，还需要冷却时传热的时间，即 n 的因素. 因此，根据表格信息我们便可以将所有状态下的蛋所需要的不等式组推出来.

蛋清透明、蛋黄流质时：$0 \leqslant m \leqslant 6$，$n$ 可以为任何正数.

蛋清透明、蛋黄半流质时：$6 < m \leqslant 6.5$，$n \geqslant 7$.

蛋清透明、蛋黄凝固时：因为蛋黄凝固的温度为 72℃，那说明蛋清温度也大于 72℃，这样的话，蛋清最少也是半流质，所以这种情况不存在.

蛋清半流质、蛋黄流质时：$6.5 < m \leqslant 7.5$，$0 \leqslant n < 2.5$.
蛋清半流质、蛋黄半流质时：$6.5 < m \leqslant 7.5$，$2.5 < n \leqslant 5$.
蛋清半流质、蛋黄凝固时：$7 < m \leqslant 7.5$，$n \geqslant 5$.
蛋清凝固、蛋黄流质时：$7.5 \leqslant m \leqslant 8.5$，$0 \leqslant n \leqslant 1$.
蛋清凝固、蛋黄半流质时：$7.5 \leqslant m \leqslant 9$，$1.5 \leqslant n \leqslant 3.5$.
蛋清凝固、蛋黄凝固时：$m \geqslant 7.5$，$n \geqslant 3.5$.

2. 使用数学建模探究课题的基本流程

1. 影响猪奔跑速度的因素有哪些？估计或查阅资料找出猪的奔跑速度．体会解决问题的完整过程，并撰写一个微报告来陈述你的学习结论．

---**解答**---

（1）家猪：猪处于养殖环境，食物来源为饲料．影响猪奔跑速度的主要因素：猪的体重、腿长等生物特征．查阅资料可知，一只身长为 0.97 米，体重 70 千克的家猪的最大奔跑速度为 17.7 千米/时．

（2）野猪：曼格里察猪，即猪处于西伯利亚环境（冬季环境温度为零下 70 摄氏度），食物来源于自然环境．影响猪奔跑速度的主要因素：环境温度．因为气温低，奔跑会消耗自身能量，环境中也没有掠食者和天敌，故不需要奔跑．查阅资料可知，曼格里察猪的奔跑速度约为 7 千米/时，且基本不奔跑．

（3）非洲疣猪，即猪处于非洲，是食物链中的一环，需要觅食，也会被掠食者追捕．影响猪奔跑速度的主要因素：食物链中掠食者的追捕，天敌有狮、豹和土狼等．非洲疣猪常常可以通过有力的腿变道来躲避猎豹的追捕．查阅资料可知，非洲疣猪奔跑速度最高可达 54.4 千米/时．

上述解答从三个方面给出了影响猪奔跑速度的主要因素，有生物特征、环境条件和食物链中的天敌．展示了对问题不同的细化明确会得到不同的结论．当然，我们可以根据问题研究的需要，将上述三个子问题放在一起，同时考虑生物特征、环境条件和食物链中的天敌，通过一个或者多个函数，构建一个完整的猪奔跑的模型．通过查阅资料得到问题解答以后，分析得到其与问题的前提假设逻辑相符，再通过微报告与同学分享．

2. 生活中,计时沙漏或者搅拌面粉的声音很小,几乎察觉不到;击打拳击沙袋发出的声音沉闷;而当作乐器使用的沙锤声音明亮且响亮;风铃发出的声音清脆悠扬. 可见对于聚集较大数量的固体颗粒物,在外力扰动下所产生的声音受到许多因素的影响而呈现出不同的声音特性. 大胆猜测:较大数量的固体颗粒物,在不同容器及不同外力扰动下所产生的声音受到哪些变量的影响?通过一些实验来听音观察,尝试定性描述这些变量与声音特性变量的关系. 尝试通过对固体颗粒物物理性质或容器物理性质或不同外力扰动的物理描述及其猜想出发,提出这些变量与声音特性变量的函数关系,尝试写出表达式(使用字母变量来代替你无法确定具体数值的一些常数),体会解决问题的完整过程,并撰写一个微报告来陈述你的学习结论.

解答

解答者:上海市实验学校　高一(5)班　张天熠

猜想 1:被较大数量的固体颗粒物填充后的容器,在外力扰动下发出的声音大小可能受到颗粒大小、容器大小、外力大小的影响.

以上猜想基于以下实验:

实验工具:

容积从大到小的三个塑料瓶、一定量的大米(每粒大米的质量约 0.08 克)和小米(每粒小米的质量约 0.02 克)、电子秤.

实验步骤:

a. 将相同质量的大米和小米先后装入某一个塑料瓶,晃动瓶子,仔细辨别声音的细微差异;

b. 将相同质量的大米装入三个塑料瓶中,晃动瓶子,仔细听发出的声音,辨别细微差异;

c. 将上一步骤中装有大米的塑料瓶晃动,第一次用较小力气,第二次用较大力气,仔细辨别两次声音的细微差异.

实验结论:

a. 当同一容器被填充相同质量的不同颗粒物时,在相同外力的扰动下,声音大小和填充颗粒物的单位质量相关,颗粒物单位质量越大,发出的声音越响;

b. 当不同容器被相同质量的同种颗粒物填充时,在相同外力的扰动下,声音大小和容器大小相关,容器容积越大,发出的声音越响;

c. 当同一容器被填充相同质量的同种颗粒物时,在不同外力的扰动下,声音大小和外力大小相关,外力越大,发出的声音越响.

猜想 2:被较大数量的固体颗粒物填充后的容器,在外力扰动下发出的声音大小可能与容器的被填充容积有关.当没有固体颗粒物填充时,不会发出声音;当固体颗粒物充满时,也不会发出声音;填充到某一容积时,会发出最大声音.根据这一现象,猜想被填充容积和声音特性的函数关系符合二次函数.设被填充容积为 x,声音特性函数为 $f(x)$,$f(x)=Q(m,V,F)\times(ax^2+bx+c)$,式中 $Q(m,V,F)$ 表示声音与颗粒大小、容器大小、外力大小的函数关系,本题不研究,故采用字母变量表示.根据以下实验确定式中 a、b、c 的值.

实验步骤:

分别将大米和小米按照小塑料瓶容积的 5%、10%、20%、30%、40%、50%、60%、70%、80% 填充后用力晃动瓶子,同时用噪声分贝仪 App 测量声音大小.

实验结论:

答表 2-1 小塑料瓶被填充不同容积的大米时的声音表

填充率(%)	5	10	20	30	40	50	60	70	80
声音(dB)	73.7	74.5	74.2	72.8	72.6	71.8	71	70.2	69.4

函数关系表达式的确定:根据以上实验结果可知,小塑料瓶被填充 10%~20% 之间容积的大米时声音最响.根据实验数据进行拟合,结果如答图 2-1 所示.

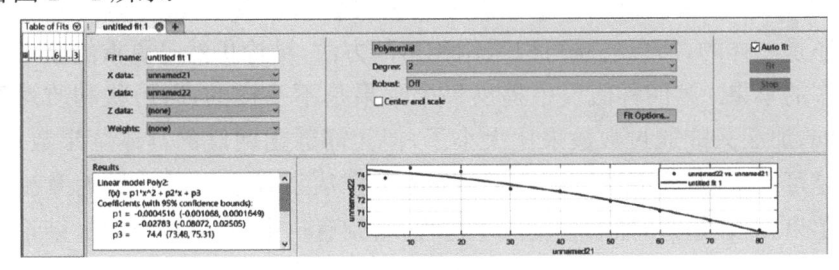

答图 2-1 小塑料瓶被填充实验数据拟合曲线图

求得 a 的值为 -0.0004516,b 的值为 -0.02783,c 的值为 74.4. 所以 $f(x)=Q(m,V,F)\times(-0.0004516x^2-0.02783x+74.4)$.

4. 通过假设和定义明确问题

1. 对于问题:"比较两筐苹果数量,A 筐中有若干个苹果,B 筐中也有若干个苹果,用可行方法比较哪个筐中的苹果多?"试提出若干种不同的假设,在不同的假设前提下,求解问题的方法分别是什么? 体会不同假设的递进关系以及相应解答对真实情况的接近程度.

------解答------

第一种假设:两筐大小一样,两筐都是装满的,每个苹果是一模一样的.

第二种假设:两筐大小一样,两筐都是装满的,每个苹果质量是一样的.

第三种假设:两筐大小未知,两筐装填情况未知,每个苹果质量是一样的.

第四种假设:两筐大小未知,两筐装填情况未知,每个苹果是不一样的.

这里给出了一个实际问题,并给出了四种假设,对问题的简化程度依次下降,慢慢接近实际情况.

在对问题进行第一种假设后,可以马上得出结论,即两筐的苹果数量是一样的. 和第一种假设相比,第二种假设没有限定苹果的形状,而假设苹果质量是一样的,那么可以通过称重的方法,结论是更重的筐中有更多的苹果. 第三种假设进一步假设了两筐大小和装填情况未知,但苹果质量还是一样的,所以还是可以采用称重的方法,结论仍然是更重的筐中有更多的苹果. 第四种假设中提出每个苹果是不一样的,即形状和质量都不同,那么只能通过数数来比大小了,但无需数出两筐的具体苹果数量,而是可以采用"作差法",即左手和右手分别从 A 筐和 B 筐中同时拿出一个苹果,放在筐外,然后重复这个过程,直到有一个筐中没有苹果,结论是最后还有苹果的筐中的苹果多,如果两个筐中都没有苹果,那么两个筐中的苹果一样多.

回顾四种假设,可以发现第一种假设过度简化问题,可以很快地得到结论,但结论的实际价值很低. 而第二种假设和第三种假设的数学模型都是称重法,结论也是一样的,所以在假设每个苹果的质量是一样的之后,就没必要对筐的大小和装填情况进行简化,所以在称重法模型中,第三种假设比第二种假设更优,但是在其他模型中可能会有不同情况. 第四种假设是最接近实际问题的,即结论的实际价值高,但是从建立模型到模型求解到结论,整个过程是四种假设中最复杂的,对数学建模能力的要求高. 综上,对不同的问题,不同的建模目的,以上四种不同程度的简化假设各有优缺点,但是在初步假设中,还是避免作出第一种和第四种假设,先从第二种和第三种假设入手,找出合适的数学模型,再改进假设和模型.

2. 如图 4-4 所示,一个锥形容器被固定在铁架台上. 锥形容器下端开孔且装有液体. 液体不断滴落,从而对液面高度产生影响. 试建立数学模型探究液面高度随时间的变化关系.

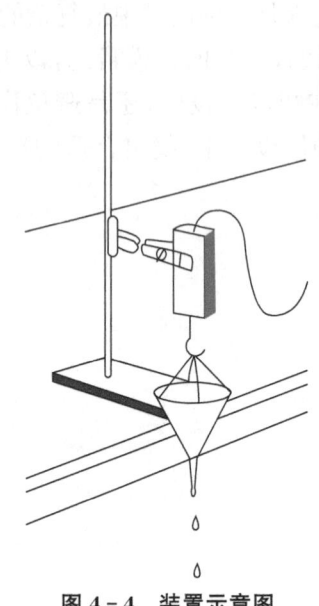

图 4-4 装置示意图

解答

解答者:上海市实验学校 中三(2)班 林弋帆

装有液体的底端开孔锥形容器的建模分析

1. 问题重述

如图 4-4 所示是一个装置,装置中一个锥形容器被固定在铁架台上. 而锥形容器下端开孔且装有液体. 因此液体不断滴落,从而对液面高度产生影响.

2. 建立数学模型

2.1 问题分析

容器中的液面高度会发生变化,是因为液体会从容器底部流失,所以液体流失的速度和时间会决定液面高度的变化.

2.2 模型一

2.2.1 模型假设

为了简化问题的分析，我们首先假设一种比较简单的情况：

液体流失的速度是不变的常量．设单位时间流失液体体积为 ΔV，最初液体锥体的半径为 R_0，最初液体锥体的高度为 H_0，经过 t 秒剩余液体锥体半径为 R，剩余液体锥体高度为 h．

2.2.2 模型求解

最初液体锥体的体积由圆锥体体积公式可知：

$$V_0 = \frac{1}{3}\pi R_0^2 H_0 \qquad ①$$

同理经过 t 秒剩余液体锥体的体积：

$$V = \frac{1}{3}\pi R^2 h \qquad ②$$

由答图 4-1 及三角形相似可知：

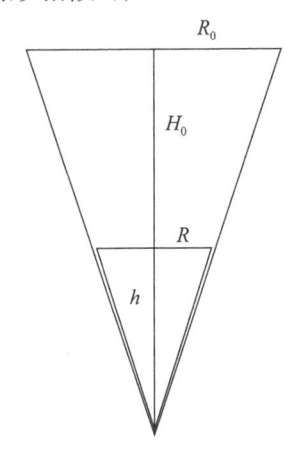

答图 4-1 圆锥容器侧视图

$$R = R_0 \times \frac{h}{H_0} \qquad ③$$

由②式与③式可得：

$$V = \frac{\pi h^3 R_0^2}{3 H_0^2} \qquad ④$$

流失液体体积等于最初液体锥体体积与经过 t 秒剩余液体锥体体积的差，即

$$\Delta V \times t = V_0 - V \qquad ⑤$$

将①④代入⑤可得：
$$\Delta V \times t = \frac{1}{3}\pi R_0^2 H_0 - \frac{\pi h^3 R_0^2}{3H_0^2}$$

即
$$t = \frac{\pi R_0^2 H_0}{3\Delta V}\left(1 - \frac{h^3}{H_0^3}\right) \quad ⑥$$

因 $\Delta V, \pi, R_0, H_0$ 皆为已知量，可得容器内液面高度随时间的变化函数为

$$h = H_0 \sqrt[3]{1 - \frac{3t\Delta V}{\pi R_0^2 H_0}} \quad ⑦$$

函数图像如答图 4-2 曲线所示：

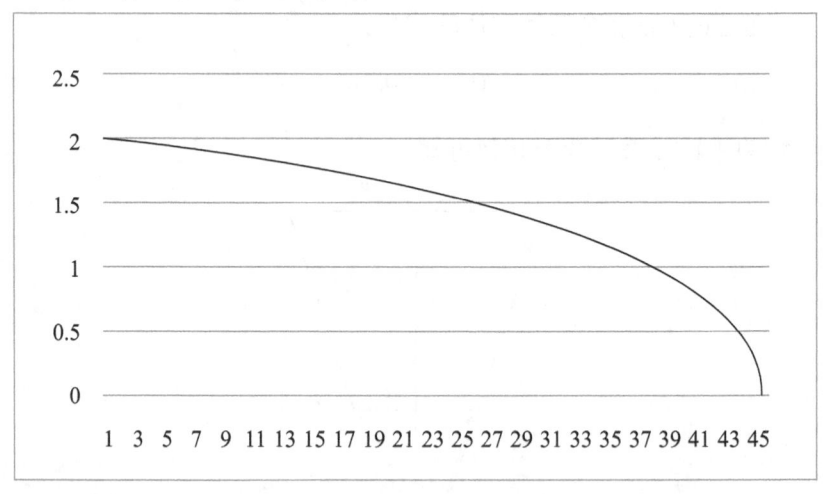

答图 4-2 锥形容器内液面高度随时间的变化关系的函数图像(1)

2.3 模型二

2.3.1 模型假设

在假设了较为简单的情况即液体单位时间流失体积 ΔV 不变后，假设较为复杂的模型，即液体单位时间流失体积 ΔV 与压强成正比．

2.3.2 模型求解

由于液体单位时间流失体积 ΔV 与压强 P 成正比，而压强 P 与液体高度 h 成正比（$P = \rho g h$），则 ΔV 可以表示为：

$$\Delta V = k'\rho g h = kh \quad (其中 k 和 k' 为常数, k = k'\rho g) \quad ⑧$$

在非常微小的时间变化 Δt 期间，液面高度从 h 变为 h'，因为 Δt 非常微小，我们近似认为 Δt 期间 ΔV 和液面圆面积保持不变，从而推导出下式：

$$h - h' = \frac{\Delta V \cdot \Delta t}{\pi R^2} = \frac{kh \cdot \Delta t}{\pi R^2} \qquad ⑨$$

将③代入⑨可得：

$$h - h' = \frac{\Delta V \cdot \Delta t}{\pi R^2} = \frac{kH_0^2 \cdot \Delta t}{\pi R_0^2 h}$$

即
$$h' = h - \frac{kH_0^2 \Delta t}{\pi R_0^2 h} \qquad ⑩$$

由于方程无法通过初等数学推导求解，此处通过 Excel 求近似解．

以下是通过 Excel 模拟的过程，为了简便计算，笔者设比值 $k=0.1$ 并基于 $H_0=R_0=2$ 的情况进行模拟．首先笔者基于公式⑧计算微小时间变化 Δt 期间的液体体积变化，然后用体积变化除以微小时间变化 Δt 期间的初始液面圆面积（因为 Δt 非常小，所以 Δt 期间液面面积变化忽略不计），得到液面高度 h 的变化，从而推出微小时间变化 Δt 期末的液面高度 h'．以此类推，不停重复这个模拟计算过程，绘制出液面高度随时间变化的函数图像，如答图 4-3 所示．这个模拟过程其实本质和公式⑩完全一致．从函数图像可以看出，液体单位时间流失体积 ΔV 与压强成正比时，液面高度变化依然由慢至快．但是相对于液体单位时间流失体积 ΔV 保持常量时，液面高度变化的整体趋势变慢了．

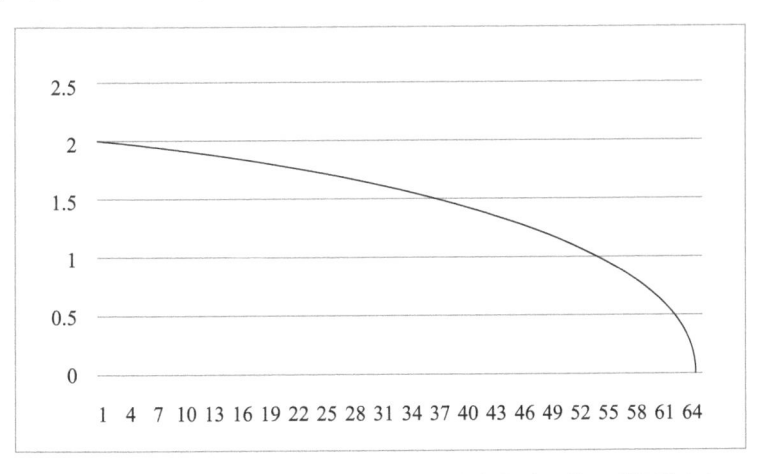

答图 4-3 锥形容器内液面高度随时间的变化关系的函数图像(2)

3. 小结

如答图 4-4 所示为在单位时间内液体流失体积与液面高度的比值

为 0.1 时液面高度随时间变化的函数图像. 深色曲线示的是当液体单位时间流失体积 ΔV 不变时液面高度随时间变化的函数图像, 而浅色曲线表示的是液体单位时间流失体积 ΔV 与压强成正比时液面高度随时间变化的函数图像.

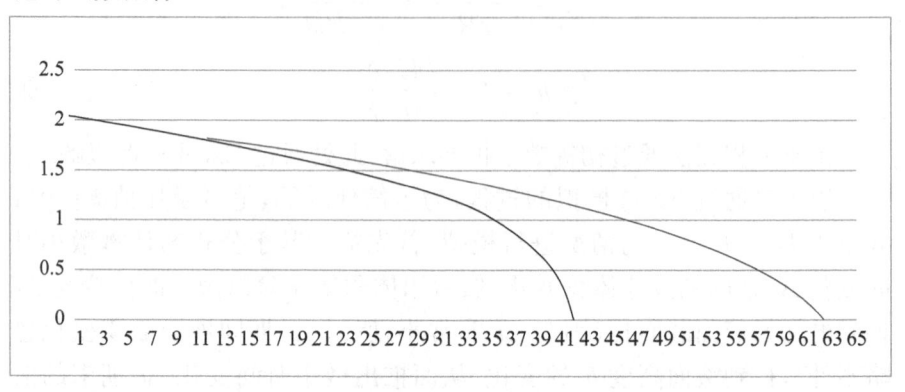

答图 4-4 液面高度随时间变化的函数图像

模型一与模型二液面高度变化随时间的变化都是由慢至快, 因为随高度下降, 液面横截面积在不断变小. 其中, 模型二的液面高度变化比模型一的液面高度变化更慢一些. 因为模型二中的单位时间流失体积 ΔV 与压强成正比, 随着液面不断下降, 液体流失的速度也越变越慢. 在比例系数相同的情况下, 模型二预测的液体流尽的时间要比模型一多出大约 50%, 有显著的区别.

5. 抽象数学关系以建立模型

1. 狗、鸡、菜过河问题:一个人要带一只狗、一只鸡和一棵菜过河,而船上除人外,每次只能带一样东西.当人不在时,狗会吃鸡,鸡会吃菜,问该如何运送它们,才能使狗、鸡、菜全部安全过河.试建立问题的数学抽象表达,并尝试解答.

解答

这是一个智力游戏问题,每个人都可以通过反复实验而得到答案,问题是如何给出数学上的规律性解答.

可以将这样一个安全渡河问题视为一个多步决策过程,每一步,即船由此岸驶向彼岸或从彼岸驶回,都要对船上的东西做出决策,在保证安全的前提下,在有限步内使所运物全部过河.

为此,我们把人、狗、鸡和菜依次用一个四维向量表示.当一物在此岸时,记相应的分量为1,否则记为0.如(1,0,1,0)表示人和鸡都在此岸,并称为一个状态.按照题意(1,0,1,0)是一个允许状态,而(0,0,1,1)是一个不允许状态,因为鸡可以吃菜.

我们用 S 来记所有允许状态的集合.这个集合共有10个状态,它们分别是

(1,1,1,1)、(1,1,1,0)、(1,1,0,1)、(1,0,1,1)、(1,0,1,0)、(0,0,0,0)、(0,0,0,1)、(0,0,1,0)、(0,1,0,0)、(0,1,0,1).

如果我们把每次运载情况也用一个四维向量来表示.例如用(1,1,0,0)表示人和狗在船上,而鸡和菜不在船上.这样允许的运载状态 D 有 4 个,分别是:

(1,1,0,0)、(1,0,1,0)、(1,0,0,1)、(1,0,0,0)

我们规定 S 和 D 中的元素按二进制法则进行相加并记录个位数,这样,一次渡河就是一个允许状态向量与一个允许运载向量相加.

于是,制定安全渡河方案归结为:求决策 $d_k \in \mathbf{D}$,使状态 $s_k \in \mathbf{S}$ 按照运算规律,从状态(1,1,1,1)经过多少次才能变成(0,0,0,0).一个状态如果是可取的就记 T,否则就记 F,虽然可取但已重复就记 R.用穷举法按如下方法进行运算:

答表 5-1　运算表

起始 1	(1,1,1,1)			
过程	(1,1,0,0)	(1,0,1,0)	(1,0,0,1)	(1,0,0,0)
结果	(0,0,1,1)F	(0,1,0,1)T	(0,1,1,0)F	(0,1,1,1)F

结果：1 去(人,鸡)

四个过程分别对应运狗、运鸡、运菜和只运人．选取可行的结果"已运鸡到河对岸"作为起始 2．

答表 5-2　运算表

起始 2	(0,1,0,1)			
过程	(1,1,0,0)	(1,0,1,0)	(1,0,0,1)	(1,0,0,0)
结果	(1,0,0,1)F	(1,1,1,1)R	(1,1,0,0)F	(1,1,0,1)T

结果：2 回(人)

在第二步中，如果再运鸡就回到初始状态了，记为重复 R．

答表 5-3　运算表

起始 3	(1,1,0,1)			
过程	(1,1,0,0)	(1,0,1,0)	(1,0,0,1)	(1,0,0,0)
结果	(0,0,0,1)T	(0,1,1,1)F	(0,1,0,0)T	(0,1,0,1)R

结果：3.1 去(人,狗)或 3.2 去(人,菜)

第三步会产生两种可行的结果，以下将(0,0,0,1)作为起始 4.1，展示之后的过程．

答表 5-4　运算表

起始 4.1	(0,0,0,1)			
过程	(1,1,0,0)	(1,0,1,0)	(1,0,0,1)	(1,0,0,0)
结果	(1,1,0,1)R	(1,0,1,1)T	(1,0,0,0)F	(1,0,0,1)F

结果：4.1 回(人,鸡)

答表 5-5　运算表

起始 5.1	(1,0,1,1)			
过程	(1,1,0,0)	(1,0,1,0)	(1,0,0,1)	(1,0,0,0)
结果	(0,1,1,1)F	(0,0,0,1)R	(0,0,1,0)T	(0,0,1,1)F

结果:5.1 去(人,菜)

答表 5-6　运算表

起始 6.1	(0,0,1,0)			
过程	(1,1,0,0)	(1,0,1,0)	(1,0,0,1)	(1,0,0,0)
结果	(1,1,1,0)R	(1,0,0,0)F	(1,0,1,1)R	(1,0,1,0)T

结果:6.1 回(人)

第六步运回人和狗虽然是可行的结果,但从进程上看,进程又回溯了,所以也记为重复 R.

答表 5-7　运算表

起始 7.1	(1,0,1,0)			
过程	(1,1,0,0)	(1,0,1,0)	(1,0,0,1)	(1,0,0,0)
结果	(0,1,1,0)F	(0,0,0,0)T	(0,0,1,1)F	(0,0,1,0)R

结果:7.1 去(人,鸡)

结论:1 去(人,鸡),2 回(人),3.1 去(人,狗),4.1 回(人,鸡),5.1 去(人,菜),6.1 回(人),7.1 去(人,鸡).

该穷举法的过程也可以用程序来实现,是一个条件循环,输入起始、判断可行性、输出结果,有兴趣的学生可以尝试编程解题,以适应将来更复杂的规划策略问题.

2. 魔方是蕴含着大量数学知识的益智玩具,小光同学发明了一种纸面二维魔方小游戏,规则如下:如图 5-2 所示,纸面二维魔方总共由 8 个方块构成,每个方块可以有上、右、下、左(↑→↓←)四种状态,8 个方块总共构成九宫格分布,中间留空. 小光把连续且在一条直线上的三个方块称作纸面二维魔方的一个面,这样共有 ABCD 四个面."拧动"魔方时,每次可以且仅可以改变一个面上的连续三个方块的状态,将三个方块同时逆时针或顺时针旋转,这样一次操作视为一个步骤. 游戏的目标是将所有方块的状态旋转至相同方向,即视为完成了一次纸面二维魔方的"复原".

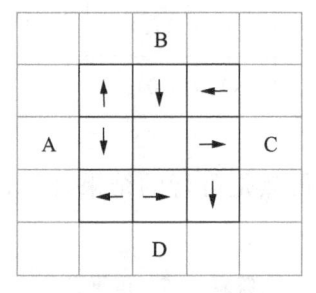

图 5-2 纸面二维魔方

(1) 试使用最少的步骤求解图中的纸面二维魔方,写出"复原"的全部步骤.
(2) 试使用数学概念描述纸面二维魔方,并建立求解纸面二维魔方的通用模型和方法.

------- 解答 -------

解答者:上海市实验学校 高一(6)班 薛瑞涵

纸面二维魔方求解问题

1. 概要

纸面二维魔方是一种类似魔方的游戏,在某些方面与常规的三维魔方有相似的地方,比如一些方格会受多于一个面的控制. 但在某些方面与常规的三维魔方也有不同的地方,比如一个方格只受固定的一些面的控制,而不像三维魔方中的方块,由于可以发生移动,可以控制它的面也是不确定的. 在本论文中,我们将讨论纸面二维魔方的各种解法. 其中,第一种解法是这类问题的通解,可以解决所有的这类问题,但缺点是比较烦琐. 第二种方法没有使用模 4,而是使用了复数的方法来表示方格的状态,也有效地避免了 $\pm 4k$ 等情况的出现.

2. 介绍

2.1 问题重述

纸面二维魔方一共有四个面八个方格,转动一个面时这个面上的所有方格会同时转动. 最终目标是求解一个使得所有方格朝向相同的方案.

2.2 总假设

□ 所有方格从左上角方块开始,顺时针顺序依次编号为 1—8 号.
□ BCDA 四条边分别编号为 1—4.

3. 模型 A

3.1 模型总览

在此模型中,我们将使用矩阵的方法,将此问题抽象为一个纯数学问题,最终求解.

3.2 假设

□ 每个方格的 ↑ → ↓ ← 分别记为 0123 四种状态. 则易得,方格所在的面每顺时针旋转一次,对应方格的状态变为原来的状态加 1 后模 4 的余数.

3.3 变量表

答表 5-8 变量表

x_i	第 i 个面顺时针旋转次数
y_i	i 号方格等价于顺时针旋转的次数

3.4 模型求解

通过各方格与各面之间转动的规律,我们可以得到以下表达式:

$$\begin{cases} y_1 = x_1 + x_2 \\ y_2 = x_2 \\ y_3 = x_2 + x_3 \\ y_4 = x_3 \\ y_5 = x_3 + x_4 \\ y_6 = x_4 \\ y_7 = x_4 + x_1 \\ y_8 = x_1 \end{cases}$$

用矩阵形式表达即 $\begin{Bmatrix} y_1 \\ y_2 \\ y_3 \\ y_4 \\ y_5 \\ y_6 \\ y_7 \\ y_8 \end{Bmatrix} = \begin{pmatrix} 1 & 1 & 0 & 0 \\ 0 & 1 & 0 & 0 \\ 0 & 1 & 1 & 0 \\ 0 & 0 & 1 & 0 \\ 0 & 0 & 1 & 1 \\ 0 & 0 & 0 & 1 \\ 1 & 0 & 0 & 1 \\ 1 & 0 & 0 & 0 \end{pmatrix} \begin{bmatrix} x_1 \\ x_2 \\ x_3 \\ x_4 \end{bmatrix}$

简记为 $y = Ax$.

其中,A 是上面线性方程组的系数矩阵.

注意到,将任意一个 x_i(不妨设为 x_1)增加或减少 4 得到 x_1',此时变化的式子有:

$$\begin{cases} y_1 = x_1' + x_2 \\ y_7 = x_4 + x_1' \\ y_8 = x_1' \end{cases}$$

即

$$\begin{cases} y_1 = x_1 + x_2 \pm 4 \\ y_7 = x_4 + x_1 \pm 4 \\ y_8 = x_1 \pm 4 \end{cases}$$

模 4 之后得到:

$$\begin{cases} y_1 = x_1 + x_2 \\ y_7 = x_4 + x_1 \\ y_8 = x_1 \end{cases}$$

因此将 x_i 加减 $4k(k \in \mathbf{Z})$ 不会对最终结果产生影响.

同时,注意到,一次逆时针旋转效果上可以视为 -1 次顺时针旋转.

而最终的总旋转次数即为 $|x_1| + |x_2| + |x_3| + |x_4|$,要使得其最小,因此,我们可以令 $x_i \in \{-1, 0, 1, 2\}$ $(i = 1, 2, 3, 4)$.

末状态需要将所有 y_i 变为(模 4 意义下)全部相同.

不妨考虑末状态全部为 0 的情况(其他情况同理).

初状态设为 $\alpha_0 = (1, 3, 4, 2, 3, 2, 4, 3)$.

末状态 $\alpha_1 = (0, 0, 0, 0, 0, 0, 0, 0)$.

对矩阵 A 进行模 4 意义下的求逆,得到矩阵 A^{-1}(若矩阵不可逆则为无解).

则最终操作结果即为 $A^{-1}(\alpha_1-\alpha_0)$(模 4 意义下).

即可得到操作结果.

最终把四种末状态的结果的总操作步数进行比较,可得最终的最佳方案为 $(2,2,-1,-1)$(四个面分别是顺时针旋转 2 次、顺时针旋转 2 次、逆时针旋转 1 次、逆时针旋转 1 次),此时所有方格的状态都是 0,操作步数为 6.

4. 模型 B

4.1 模型总览

本模型将使用复数进行求解.

4.2 模型假设

→、↑、←、↓ 四种状态分别对应数 1、i、-1、-i. 则易得,某一行逆时针旋转一次时,这一行上所有方格中的数字乘 i.

4.3 变量表

答表 5-9 变量表

x_i	第 i 个面逆时针旋转次数
y_i	i 号方格末状态数除以初状态数的值

4.4 模型求解

初始状态为 $\alpha_0=(i,-i,-1,1,-i,1,-1,-i)$.

末状态不妨设为 $\alpha_1=(i,i,i,i,i,i,i,i)$(其他情况同理).

则将 α_1 的每项和 α_0 对应位置上的项分别相除,得变化量 $\Delta_\alpha=(1,-1,-i,i,-1,i,-i,-1)$.

将 y_i 与 x_i 之间的关系式列出:

$$\begin{cases} y_1 = i^{x_1+x_2} & ① \\ y_2 = i^{x_2} & ② \\ y_3 = i^{x_2+x_3} & ③ \\ y_4 = i^{x_3} & ④ \\ y_5 = i^{x_3+x_4} & ⑤ \\ y_6 = i^{x_4} & ⑥ \\ y_7 = i^{x_4+x_1} & ⑦ \\ y_8 = i^{x_1} & ⑧ \end{cases}$$

则 y_i 应当等于 Δ_α 的第 i 项.

由 3.4 中证明的结论,由于 x_i 增加或减少若干个 4 后最终状态不会改变,可以不妨设 $x_i \in \{-1, 0, 1, 2\}$,此时操作步数一定最少.

接下来由于每一项中的指数都有取值范围限制,解方程组即可.

注意到,②④⑥⑧四个式子在 $x_i \in \{-2, -1, 0, 1\}$ 的情况下都有唯一解,即 $(-2, 1, 1, -2)$. 接下来将这组解代入剩余四个式子中检验即可.

最终解出只有 $(-2, 1, 1, -2)$ 一组解可行,即 AB 两个面顺时针旋转 2 次,CD 两个面逆时针旋转 1 次. 实际验证发现结果正确.

6. 尽可能简化数学模型

1. 俄罗斯方块是一款家喻户晓的电子游戏，小数对其深感兴趣，将规则简化如下：
   - 游戏中，一共有四种基础方块，如图 6-2 所示：

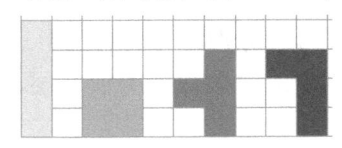

   图 6-2 基础方块示意图

   - 每一轮游戏中，给定的基础方块的种类和数目一定，但摆放方块的先后顺序锁定，不可更改.
   - 游戏提供的"方格容器"宽度为八个单位长度，高度无限.
   - 每一个基础方块都可以进行自由旋转、翻转.
   - 玩家的最终目的是使用最小的高度完成所有方块的摆放，得到摆放完整的一行并不可以消除方块，但可以得到额外加分.

   (1) 根据题目描述，给出一种界定方块摆放有效率的方式(即这个游戏的分数计算方式)，并用数学语言进行描述.

   (2) 若某一局游戏中，方块下落的顺序已提前知晓如图 6-3 所示，试找到赢得这场比赛的最佳策略并用文字语言、数学语言或者图表描述你的策略. 并根据你提供的计分方式得出结果.

   图 6-3 某局游戏方块下落顺序(共 40 个，四种基础方块数量之比为 1∶1∶1∶2)

   (3) 若某一局游戏中，玩家知晓各基础方块的数量，但不知道各方块的下落顺序，试找到赢得这场比赛的最佳策略；并以图所示顺序为例，用文字语言、数学语言或者图表描述你的策略，阐述其有效性. 并根据你提供的计分方式得出结果.

   ### 解答

   解答者：上海市实验学校　高一(6)班　周晟琪

   (1) 设总分为 W，总基础方块数为 n，摆放最大高度为 h 格，摆放完整的行数为 p，规定计分方式：$W = \left\lceil \dfrac{5n + 20p}{h} \right\rceil$.

(2) 首先注意到 4 种基础方块"I""L""O""T"共 40 个,每个方块都是 4 格,则一共 160 个格子,最好的情况也就是最少要放 20 行,"I""O""T"形均为 8 个,"L"形共 16 个.

【摆放规则】

① 如答图 6-1,左右分为两列宽度为 4 格分别放置.

② 分别把基础方块形成组合:2×4(如 1,2 号)、3×4(如 21、22、23 号)、4×4(如 5、9、11、18 号),分别填充左右两半.

③ 注意左右两半摆放的层数保持为偶数层,如果产生奇数层,及时凑齐偶数层.

【摆放结果】

如答图 6-1,无空格填满 20 行,计分 $W=\left(\dfrac{5\times 40+20\times 20}{20}\right)=30$.

答图 6-1 摆放示例

(3) 在出现方块顺序随机情况下:

【摆放规则】

① 首先计算方块总数、各种方块数和最佳摆放的层数.

② 如答图 6-2,按 2×4(如答图 6-2①)、3×4(如答图 6-2②)、4×4(如答图 6-2③)等模块进行组合,分别放在左右两半边,根据剩余基础方块的数量选择摆放形式,需注意"L"和"T"必须各自配对使用.(如答图 6-2④⑤)

③ 在没有出现"T"时,左右两边尽量保持均衡,同步增高,保持至少有一边是完整方块(顶层是平的);出现"T"后,放在较高的半边(如果顶层是平的),根据其出现顺序,出现一个"T"后,朝上平放,其他方块先放

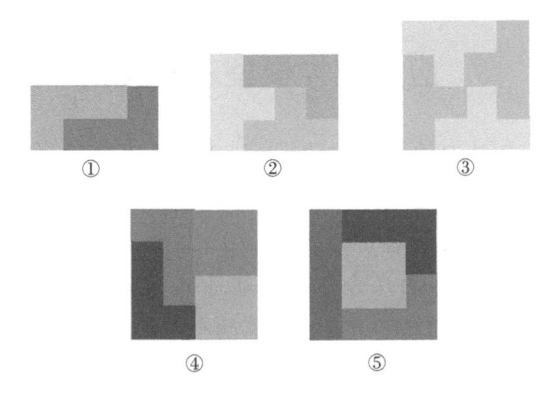

答图 6-2 积木的五种不同模块组合形式

另外半边,第二个"T"竖着放在第一个"T"上,如果出现"L",则组成 3×4 方格(如答图 6-2②);如果第三个"T"之前不出现"L",则摆成由 4 个"T"组成的 4×4 方格(如答图 6-2③).

④ 不放"T"的半边根据方块出现顺序可放多种组合,始终保持有 2 格平顶用于放"O".

【摆放结果】

按题目条件编程,随机下落四种方块(和第二小题同样数量、同样比例),采用上述规则,结果如答图 6-3 所示:

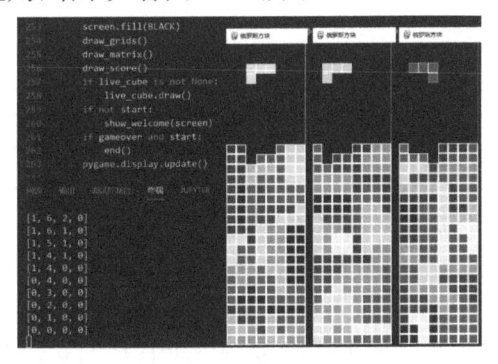

答图 6-3 编程及演示效果

绝大部分情况无空格填满 20 行,计分 $W = \left(\dfrac{5 \times 40 + 20 \times 20}{20}\right) = 30$,偶尔极端情况下出现 1 到 2 个空格,则得分分别为:

$$W_1 = \left(\dfrac{5 \times 40 + 20 \times 19}{21}\right) = 27,$$

$$W_2 = \left(\dfrac{5 \times 40 + 20 \times 18}{21}\right) = 26.$$

7. 应用数学模型求解问题

1. 设某商品在一个月内的销售量为 S，现市场保有量为 $T = 9780$（所有消费者已购买持有的数量），市场饱和量为 $M = 671430$（所有消费者最多需要的商品数量），商品售价为 $P = 70$ 元/个，商品成本为 $C = 30$ 元/个，商家对该商品投入的广告费用为每月 A 元，商家运营每月固定成本（商铺租金等）为 $R = 13000$ 元．已知前两个月的营业数据如表 7-1 所示．

表 7-1　前两个月营业数据表

	第一个月	第二个月
广告费用 A（元）	12500	15000
月销量 S（个）	4755	5025

(1) 假设该商品具有快消品属性，每位消费者持有 2 个月后商品即失去使用价值；如有必要可以引入其他变量和假设，并试提出商家利润最大化的广告费用策略．

(2) 在第(1)问的基础上，请你再给该商品添加一种属性假设（功能、类型、生产、折旧、需求、宣传、回收……），这会怎样影响消费者的行为和商家的行为？修改你的模型，试提出此时商家利润最大化的广告费用策略．

解答

模型假设：

商品的每月销量与 $M - T$ 呈正相关；

商品的每月销量恒小于 $M - T$；

商品的每月销量与广告费 A 呈正相关，且边际收益递减．

模型求解：

设销量 $S = (M - T)(1 - B \cdot \theta^A)$，其中 B 与 θ 为参数．
代入前两个月的数据求解：

$$\begin{cases} 4755 = (671430 - 9780)(1 - B \cdot \theta^{12500}) \\ 5025 = (671430 - 9780 - 4755)(1 - B \cdot \theta^{15000}) \end{cases}$$

可得：

$$S = (M - T)(1 - 0.995 \times 0.9999998^A)$$

模型分析：

当 $x \ll 1$ 时，有 $(1 - x)^A \approx 1 - Ax$．

因此当 A 充分小时,可近似得到:
$$S = (M-T) \times (0.005 + 2 \times 10^{-7} \times A)$$
利润:
$$Y = 40S - A - 13000$$
整理得:
$$Y = ((M-T) \times 8 \times 10^{-6} - 1) \times A + (M-T) \times 0.2 - 13000$$

因此,当 $(M-T) \times 8 \times 10^{-6} - 1 > 0$ 时,即 $M-T > 125000$ 时(市场拓展初级阶段),广告费投入越高越好,但不宜超过 4.9×10^6 元(满足 A 充分小,避免销量 $S > M-T$)

继续考虑市场稳定阶段:

因为商品有效期为 2 个月,假设消费者购买商品达到动态平衡,则令 $T=2S$,代入销量近似表达式可得:
$$S = (M-2S) \times (0.005 + 2 \times 10^{-7} \times A)$$
整理得:
$$S = \frac{M}{2 + \dfrac{1}{0.005 + 2 \times 10^{-7} \times A}}$$

利润:
$$Y = 40S - A - 13000$$
$$Y = \frac{40 \times 671430}{2 + \dfrac{1}{0.005 + 2 \times 10^{-7} \times A}} - A - 13000$$

通过软件求得当 $A = 3.3 \times 10^6$ 元时,利润取得最大值 $Y = 4.4 \times 10^6$ 元.

结论呈现:
销量 $S = (M-T)(1 - 0.995 \times 0.9999998^A)$,
且当 A 充分小时,近似满足 $S = (M-T) \times (0.005 + 2 \times 10^{-7} \times A)$.

当 $M-T > 125000$ 时(市场拓展初级阶段),
利润 $Y = ((M-T) \times 8 \times 10^{-6} - 1) \times A + (M-T) \times 0.2 - 13000$
广告费投入越高越好,但不宜超过 4.9×10^6 元.
当 $M-T < 125000$ 时(市场稳定阶段),

利润:$Y = \dfrac{40 \times 671430}{2 + \dfrac{1}{0.005 + 2 \times 10^{-7} \times A}} - A - 13000$

广告费 $A = 3.3 \times 10^6$ 元时,利润取得最大值 $Y = 4.4 \times 10^6$ 元.

2. COVID-19 传染病模型.

模型假设：

在疾病传播期内意大利地区的总人数 $N=60480000$ 人不变（含死亡病例），其中分为健康者 S 人、感染者 I 人和病愈免疫者（含死亡病例）R 人.

感染者的日传染率为 $\lambda=0.17$，日治愈/死亡率为 $\mu=0.029$.

即每日新增病人人数 ΔI_1 与当前感染者人数 I 成正比，与可被感染的健康者人数 S 成正比，与人群的聚集程度即总人数 N 成反比，比例系数为 $\lambda=0.17$.

每日治愈病人人数 $-\Delta I_2$ 与当前感染者人数 I 成正比，比例系数为 $\mu=0.029$.

每日新增病愈免疫者人数 ΔR 等于每日治愈病人人数 ΔI_2.

每日减少的健康者人数 $-\Delta S$ 等于每日新增病人人数 ΔI_1.

初始的首日感染者人数为 I_0；初始的首日健康者人数为 $S_0=N-I_0$.

(1) 图 7-4 为意大利自 2020 年 1 月 31 日至 3 月 18 日共 48 天期间的 COVID-19 感染者人数统计，使用 Excel 或其他软件工具，生成 48 天的感染者人数模拟数据；与意大利感染者人数统计图作比较，设定适当的初始值，并以适当的图表形式展示.

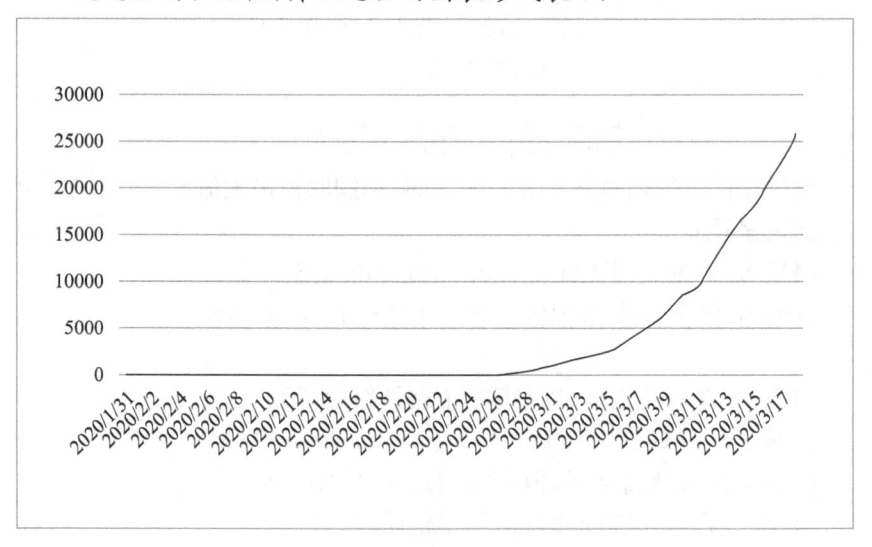

图 7-4　意大利 COVID-19 存量患者(48 天)

(2) 使用第(1)问中的参数和数据，继续向后预测至共 124 天的感染者人数. 与图 7-5 意大利自 2020 年 1 月 31 日至 6 月 2 日共 124 天期间的 COVID-19 感染者人数相比较,试分析两者的区别及其意义.

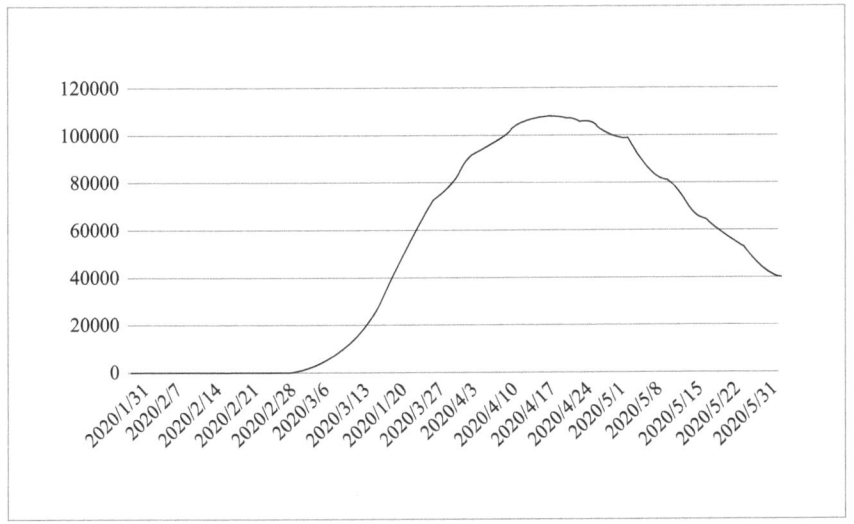

图 7-5　意大利 COVID-19 存量患者(124 天)

---解答---

(1) 在 Excel 中建立表格如答图 7-1：

	A	B	C	D	E	F	G	H
1		N=	60480000		I0=	55		lamda=	0.17		u=	0.029
2	t	S	I	R				
3	0	60479945	55	0
4	1	60479936	62.75499	1.595
5	2	60479925	71.60343	3.414895
6	3	60479913	81.6995	5.491394
7	4	60479899	93.21911	7.86068
8	5	60479883	106.363	10.56403

答图 7-1　传染病模型问题 Excel 表格示例

其中 A 列第三行起为自动填充的自然数数列；

B3 单元格公式为 "=＄B＄1－＄D＄1"；

C3 单元格公式为 "=＄D＄1"；

D3 单元格为常数 0；

B4 单元格公式为 "=B3－(＄F＄1＊C3＊B3/＄B＄1)"，并且将其自动填充到 B 列第 5 行以下各单元格；

C4 单元格公式为 "=C3＋＄F＄1＊C3＊B3/＄B＄1－＄H＄1＊C3"，并且将其自动填充到 C 列第 5 行以下各单元格；

D4 单元格公式为 "=D3＋＄H＄1＊C3"，并且将其自动填充到 D 列第 5 行以下各单元格.

将 I3 至 I50 共 48 个单元格的数据绘成折线图,与题中图示相比较,并尝试修改 D1 单元格中 I0 的值,直至数据图像与题中图示最接近时,可得初始感染人数 I0 约等于 55.

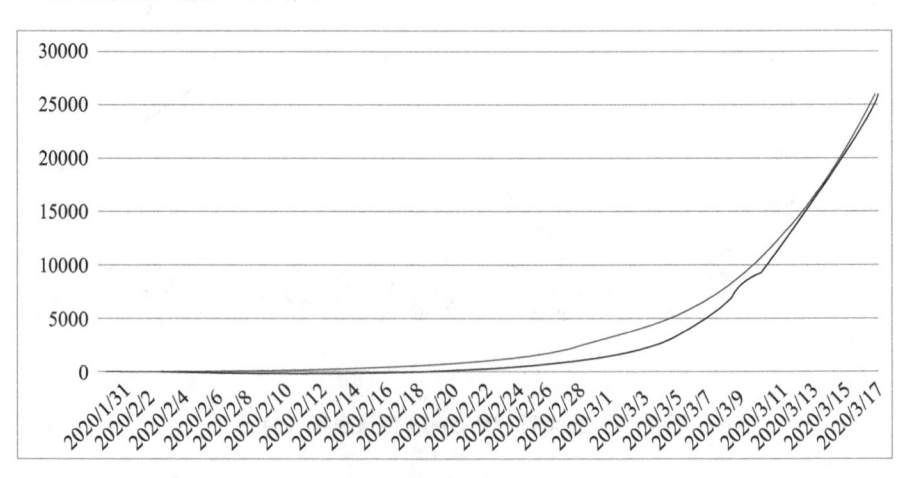

答图 7-2　传染病模型问题 Excel 数值计算曲线比较(48 天)

(2)将 A 列、B 列、C 列、D 列数据继续向下自动填充直至第 126 行共 124 个数据,并将数据绘成折线图,与题中图示相比较.

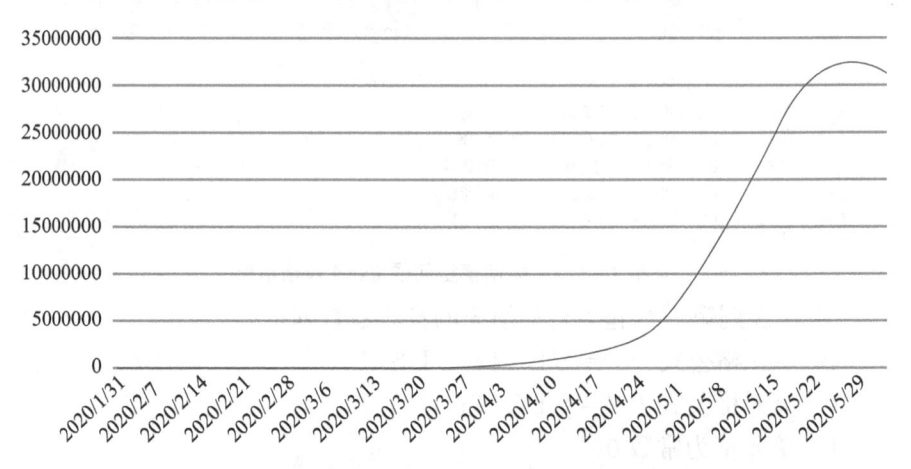

答图 7-3　传染病模型问题 Excel 数值计算曲线比较(124 天)

可见,如果按照前 48 天的趋势发展,感染人数将远远大于实际感染人数,说明从第 48 天起的防疫策略起到了显著作用.

8. 对数学模型及其结果的分析与补充

1. (实验作业)生物体细胞内的酶是一种蛋白质,负责催化生物体的大部分化学反应活动.它们充当催化剂,加速化学反应的物质,在此过程中不会被破坏或改变.酶非常有效,可以一遍又一遍地使用.一种酶每秒可以催化数千次反应.让酶起作用的温度和pH值都非常重要.大多数生物体都有一个理想的生存温度范围以及适宜的pH范围,它们的酶可以在该温度范围内发挥最佳功能.如果酶的环境太酸性或太碱性,酶蛋白可能会不可逆地变性破坏,直到它不再具有正常功能所需的形状.许多生物体细胞内(肝脏)都含有过氧化氢酶,通过过氧化氢酶酶解过氧化氢(H_2O_2).

$$2H_2O_2 \longleftrightarrow 2H_2O + O_2$$

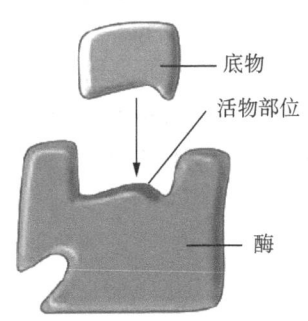

图8-6 酶催化示意图

要研究过氧化氢酶的催化能力可以通过它催化的化学反应速率来进行研究.

化学反应的速率可以通过多种方式测定,包括:

- 测量产品的出现率(在本例中为O_2,以气体形式释放);
- 测量底物的消失率(在本例中为H_2O_2);
- 测量产品出现时的压力(在本例中为O_2的产生对容器的压力).

实验内容和要求:

- 搭建一个合理的装置用于测定不同pH与温度条件下的反应发生;
- 设计一个实验来探究pH与温度的改变对过氧化氢酶催化活性的影响;
- 设置一个规范的催化速率测定模型;

- 进行实验操作、记录实验数据；
- 撰写实验报告、建立数学模型,得出过氧化氢酶催化的最适 pH 值与温度.

(尽可能自己动手进行实验,体会数学建模联合实验观察解决实际问题的过程.如果你缺乏实验条件,可以使用参考解答中的实验数据进行数学建模)

解答

影响酶活性的因素探究报告

实验目的:

探究影响酶活性的主要因素,并探究酸碱度(pH 值)与温度对于酶活性的影响变化趋势.

实验原理:

基于 2‰ 的过氧化氢酶对于 3‰ 过氧化氢溶液的催化作用的整体趋势,向溶液中滴加氢氧化钠溶液,从而改变溶液的酸碱度.通过测量不同 pH 环境下试管内气压的变化趋势、不同温度环境下试管内气压的变化趋势并与对照组的催化效果进行对比,最后分析并得出 pH 值与温度变化对于酶的催化作用的影响.

实验化学反应方程式：

$$2H_2O_2 \longleftrightarrow 2H_2O + O_2$$

实验用品:分液漏斗、烧瓶、橡胶塞、试管架、量筒、橡皮管、滴管

材料:3‰过氧化氢溶液、2‰过氧化氢酶溶液、NaOH、蒸馏水

实验步骤:

1. 连接气压传感器、pH 传感器、温度传感器,并设置合适的采集模式;将气压传感器、分液漏斗、通气阀门分别安装至三孔橡皮塞上的通孔;

2. 用量筒量取 2mL 3‰的过氧化氢溶液,并转移至烧瓶中;

3. 向烧瓶中滴入一定滴数 NaOH 溶液;

4. 清洗 pH 传感器与温度传感器探头;

5. 将烧瓶置于水浴锅中并设定温度,使用 pH 传感器与温度传感器测量溶液 pH 值与温度数据,待该二项数值同时稳定后记录在数据表格中;

6. 取出 pH 传感器与温度传感器并清洗探头;

7. 将分液漏斗置于烧瓶口,塞紧橡皮塞,分液漏斗处于关闭状态、通

气阀门处于打开状态;

8. 向分液漏斗中注入一滴管 2% 过氧化氢酶溶液;

9. 开始采集数据、打开分液漏斗阀门;待过氧化氢酶溶液全部进入烧瓶后,迅速同时关闭分液漏斗阀门与通气阀门;

10. 改变滴入的 NaOH 滴数、并使用水浴加热改变烧瓶内温度,在不同的 pH 条件和温度条件下重复步骤 2~9.

(注:以探究 pH 值与温度对酶的催化化学反应能力的影响为目的,实验步骤中应先将 NaOH 加入酶试剂中并加热到相应温度,等待片刻使得酶在不同环境下已经发生了活性改变,再加入过氧化氢测量氧气产生速率. 本实验报告因试剂加入顺序不同,会使得实验结论有不同程度的误差放大. 本数学建模报告以数据分析作为主要展示内容,不探究背后的化学反应动力学原理.)

答表 8-1 符号表

符号	意义
R	摩尔气体常数(单位:J/mol·K)
T	温度(单位:K)
V	气体体积(单位:m^3)
V_0	反应液体积(单位:L)
c	物质的量浓度(单位:mol/L)
n	气体物质的量(单位:mol)
p	压强(单位:Pa)
t	时间(单位:s)
v	化学反应速率(单位:s^{-1})
r	产生氧气的速率(单位:mol/s)

温度和 pH 对酶活性的影响

同一组实验中,假设溶液温度 T 不变且生成气体温度 T 与溶液温度相同,并且由于实验在相同的烧瓶中完成,因此 V 与 V_0 是常量. 假设考虑反应初期溶液浓度 c 不变,化学反应速率视作常数,将化学反应速率作为酶活性的反映指标.

$$v = \frac{\Delta n}{cV_0 \Delta t}$$

根据理想气体公式,可得:
$$n = \frac{pV}{RT}$$

将 n 代入计算 v 的公式,可得:
$$v = \frac{\Delta p \cdot V}{cV_0 RT \Delta t}$$

其中 R 为常量,其值为 8.314,$\frac{\Delta p}{\Delta t}$ 由实验测量得.

根据实验数据,烧瓶体积根据标称近似取值 $V = 0.25\text{L} = 2.5 \times 10^{-4} \text{m}^3$,反应液体积根据量筒测量值近似取 $V_0 = 0.01\text{L}$,反应液浓度取 3% 过氧化氢溶液,换算为摩尔浓度 $c = 8.824 \times 10^{-7} \text{mol/L}$.

即本实验中,近似可得化学反应速率 $v = 3408 \cdot \frac{1}{T} \cdot \frac{\Delta p}{\Delta t}$(单位:$\text{s}^{-1}$)

根据原始实验数据,处理得每次实验初期气压变化率近似常数的部分,并记录在数据表格中:

答表 8-2 实验数据记录表

序号	温度（摄氏度）	温度（开尔文）	NaOH 滴数	pH 值	气压斜率（kPa/s）	反应速率（s^{-1}）
1	16	289	0	2.93	0.019	224
2	16	289	1	7	0.115	1356
3	16	289	2	9.64	0.37	4363
4	16	289	6	9.96	0.623	7347
5	16	289	12	10.84	0.485	5719
6	16	289	20	11.25	0.397	4682
7	23	296	0	3.94	0.043	495
8	23	296	1	6.9	0.286	3293
9	23	296	3	9.4	0.697	8025
10	23	296	6	9.67	0.445	5124
11	23	296	12	10.39	0.52	5987
12	23	296	20	11.2	0.7	8059
13	30	303	0	2.5	0.16	1800
14	30	303	2	7.98	0.974	10955
15	30	303	4	8.79	1.059	11911

续表

序号	温度（摄氏度）	温度（开尔文）	NaOH 滴数	pH 值	气压斜率（kPa/s）	反应速率（s^{-1}）
16	30	303	8	10.1	0.495	5568
17	30	303	15	10.53	0.521	5860
18	30	303	24	10.98	0.41	4611
19	37	310	0	2.44	0.285	3133
20	37	310	1	8.33	0.523	5750
21	37	310	3	9.62	1.028	11301
22	37	310	8	9.94	0.606	6662
23	37	310	15	10.61	0.816	8971
24	37	310	24	10.89	0.695	7641

绘制散点图如下：

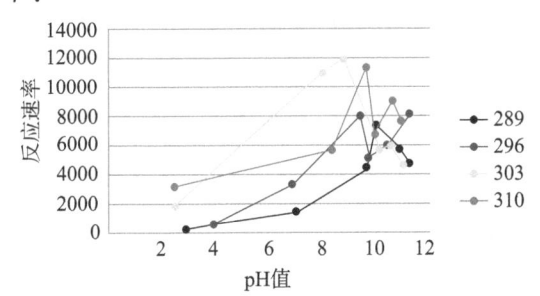

答图 8-1 不同温度与 pH 值下的酶促化学反应速率

经观察与尝试，采用双曲线、幂函数与高斯分布曲线的复合形式函数来近似表达实验数据。经反复尝试，选择经验拟合表达式如下：

$$v = A(T) \cdot e^{-\theta(T, \text{pH})}$$

其中：

$$A(T) = 14000 + 300 \times (T - 301) + \frac{8000}{\sqrt{1 + 0.5 \times (T - 301)^2}}$$

$$\theta(T, \text{pH}) = \left(-0.25 \times (\text{pH} - C(T)) + \sqrt{(0.75 \times (\text{pH} - C(T)))^2 + 0.01}\right)^{0.4}$$

$$C(T) = 10.2 \times \left(1 - \frac{1}{\sqrt{1 + 7 \cdot (T - 301)^2}}\right)$$

特别地，当温度为 289K 时：

$$A(289) = 11336, C(289) = 9.88$$

$$\theta(289,\text{pH})=$$
$$(-0.25\times(\text{pH}-9.88)+\sqrt{(0.75\times(\text{pH}-9.88))^2+0.01})^{0.4}$$

将经验拟合表达式函数曲线与实验数据绘制在相同坐标系下,如答图 8-2 所示,可见经验拟合表达式与实验数据有较优的吻合度.

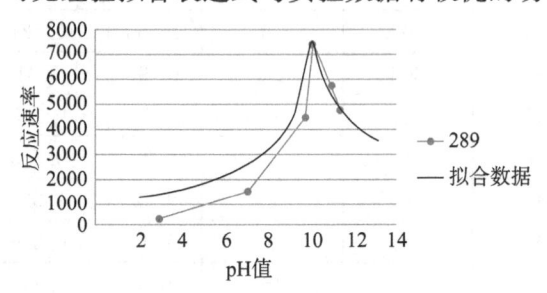

答图 8-2 不同 pH 值下的酶促化学反应速率(289K)

当温度为 296K 时:
$$A(296)=14677, C(296)=9.43$$
$$\theta(296,\text{pH})=(-0.25\times(\text{pH}-9.43)+\sqrt{(0.75\times(\text{pH}-9.43))^2+0.01})^{0.4}$$

将经验拟合表达式函数曲线与实验数据绘制在相同坐标系下,如答图 8-3 所示:

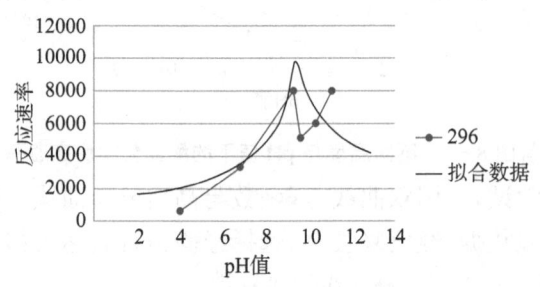

答图 8-3 不同 pH 值下的酶促化学反应速率(296K)

当温度为 303K 时:
$$A(303)=19129, C(303)=8.31$$
$$\theta(303,\text{pH})=(-0.25\times(\text{pH}-8.31)+\sqrt{(0.75\times(\text{pH}-8.31))^2+0.01})^{0.4}$$

将经验拟合表达式函数曲线与实验数据绘制在相同坐标系下如答图 8-4 所示:

当温度为 310K 时:
$$A(310)=17942, C(310)=9.77$$
$$\theta(310,\text{pH})=(-0.25\times(\text{pH}-9.77)+\sqrt{(0.75\times(\text{pH}-9.77))^2+0.01})^{0.4}$$

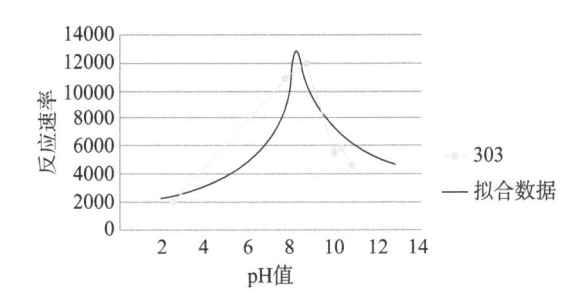

答图 8-4 不同 pH 值下的酶促化学反应速率(303K)

将经验拟合表达式函数曲线与实验数据绘制在相同坐标系下,如答图 8-5 所示:

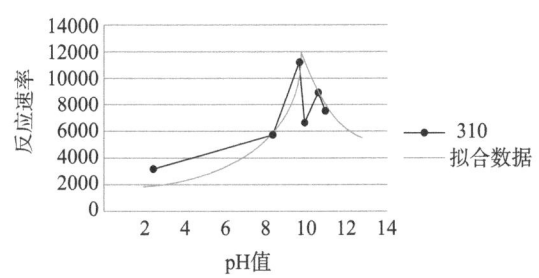

答图 8-5 不同 pH 值下的酶促化学反应速率(310K)

结合以上各经验拟合表达式图像与实验数据图像,基本认为该表达式可以充分近似用于估计不同温度与 pH 下的酶促化学反应速率.

实验结论:

过氧化氢酶促进过氧化氢分解的化学反应中,过氧化氢酶各存在最佳活性温度与最佳活性 pH 值. 随着温度升高,过氧化氢酶促进过氧化氢分解的最大化学反应速率先上升后下降,达到最大化学反应速率时的最适 pH 值也先减小后增大. 使用如下的经验拟合表达式可以近似估计不同温度与 pH 值下的酶促化学反应速率:

$$v = A(T) \cdot e^{-\theta(T, \text{pH})}$$

其中:

$$A(T) = 14000 + 300 \times (T-301) + \frac{8000}{\sqrt{1+0.5 \times (T-301)^2}}$$

$$\theta(T, \text{pH}) = $$
$$(-0.25 \times (\text{pH} - C(T)) + \sqrt{(0.75 \times (\text{pH} - C(T)))^2 + 0.01})^{0.4}$$

$$C(T) = 10.2 \times \left(1 - \frac{1}{\sqrt{1+7 \cdot (T-301)^2}}\right)$$

受限于原始实验数据误差,该拟合表达式尚有较多可改进之处. 一方面,从表达式形式来看,该式共使用了十几个常参数,尽管拟合效果尚可,但其结构繁复,缺乏数学美感;另一方面,本文对实验数据的近似估计均源于对数据的分析,未涉及化学反应动力学的本质解释,也是该拟合表达式精度与形式均欠佳的原因之一.

附录:实验数据表

附表 8-1　第一组实验:温度 16℃

第一组实验	温度(℃)：	16									
第一次实验		第二次实验		第三次实验		第四次实验		第五次实验		第六次实验	
3% H_2O_2: 10mL		3% H_2O_2: 10mL		3% H_2O_2: 10mL		3% H_2O_2: 10mL		3% H_2O_2: 10mL		3% H_2O_2: 10mL	
NaOH 0 滴		NaOH 1 滴		NaOH 2 滴		NaOH 6 滴		NaOH 12 滴		NaOH 20 滴	
pH 值 2.93		pH 值 7.00		pH 值 9.64		pH 值 9.96		pH 值 10.84		pH 值 11.25	
时间(s)	气压(kPa)	时间(s)	气压(kPa)	时间(s)	气压(kPa)	时间(s)	气压(kPa)	时间(s)	气压(kPa)	时间(s)	气压(kPa)
t	p	t	p	t	p	t	p	t	p	t	p
0	102.25	0	102.32	0	102.25	0	102.32	0	102.32	0	102.25
0.5	102.25	0.5	102.32	0.5	102.25	0.5	102.32	0.5	102.32	0.5	102.25
1	102.25	1	102.32	1	102.32	1	102.32	1	102.32	1	102.25
1.5	102.32	1.5	102.32	1.5	102.32	1.5	102.25	1.5	102.32	1.5	102.32
2	102.32	2	102.32	2	102.25	2	102.46	2	102.32	2	102.32
2.5	102.25	2.5	102.25	2.5	102.32	2.5	102.67	2.5	102.39	2.5	102.46
3	102.32	3	102.25	3	102.32	3	102.81	3	102.53	3	102.6
3.5	102.25	3.5	102.32	3.5	102.46	3.5	103.09	3.5	102.67	3.5	102.74
4	102.32	4	102.39	4	102.46	4	103.23	4	103.02	4	103.02
4.5	102.32	4.5	102.32	4.5	102.53	4.5	103.37	4.5	103.3	4.5	103.23
5	102.32	5	102.32	5	102.67	5	103.72	5	103.44	5	103.44
5.5	102.32	5.5	102.39	5.5	102.74	5.5	103.93	5.5	103.79	5.5	103.72
6	102.32	6	102.39	6	102.95	6	104.21	6	104.07	6	103.86
6.5	102.32	6.5	102.39	6.5	103.16	6.5	104.42	6.5	104.35	6.5	104.07
7	102.32	7	102.39	7	103.37	7	104.77	7	104.7	7	104.35
7.5	102.32	7.5	102.53	7.5	103.51	7.5	105.05	7.5	104.91	7.5	104.49
8	102.39	8	102.53	8	103.72	8	105.41	8	105.27	8	104.7
8.5	102.32	8.5	102.53	8.5	103.93	8.5	105.69	8.5	105.55	8.5	104.84
9	102.39	9	102.53	9	104.14	9	105.97	9	105.76	9	105.12
9.5	102.39	9.5	102.6	9.5	104.42	9.5	106.39	9.5	106.11	9.5	105.34
10	102.39	10	102.6	10	104.63	10	106.6	10	106.32	10	105.48
10.5	102.39	10.5	102.67	10.5	104.77	10.5	107.02	10.5	106.6	10.5	105.76
11	102.39	11	102.67	11	105.12	11	107.37	11	106.74	11	105.9
11.5	102.39	11.5	102.74	11.5	105.27	11.5	107.72	11.5	107.02	11.5	106.11
12	102.39	12	102.81	12	105.48	12	107.93	12	107.3	12	106.32
12.5	102.39	12.5	102.95	12.5	105.55	12.5	108.28	12.5	107.51	12.5	106.53
13	102.39	13	102.95	13	105.76	13	108.56	13	107.79	13	106.67
13.5	102.39	13.5	103.02	13.5	105.97	13.5	108.91	13.5	108	13.5	106.88
14	102.46	14	103.02	14	106.11	14	109.19	14	108.21	14	107.09
14.5	102.46	14.5	103.16	14.5	106.25	14.5	109.47	14.5	108.35	14.5	107.23

续表

第一组实验		温度(℃)：		16							
第一次实验		第二次实验		第三次实验		第四次实验		第五次实验		第六次实验	
3% H_2O_2: 10mL		3% H_2O_2: 10mL		3% H_2O_2: 10mL		3% H_2O_2: 10mL		3% H_2O_2: 10mL		3% H_2O_2: 10mL	
NaOH 0 滴		NaOH 1 滴		NaOH 2 滴		NaOH 6 滴		NaOH 12 滴		NaOH 20 滴	
pH 值 2.93		pH 值 7.00		pH 值 9.64		pH 值 9.96		pH 值 10.84		pH 值 11.25	
时间(s)	气压(kPa)	时间(s)	气压(kPa)	时间(s)	气压(kPa)	时间(s)	气压(kPa)	时间(s)	气压(kPa)	时间(s)	气压(kPa)
t	p	t	p	t	p	t	p	t	p	t	p
15	102.46	15	103.23	15	106.39	15	109.75	15	108.63	15	107.37
15.5	102.53	15.5	103.3	15.5	106.6	15.5	109.96	15.5	108.91	15.5	107.51
16	102.53	16	103.3	16	106.67	16	110.24	16	109.12	16	107.72
16.5	102.53	16.5	103.37	16.5	106.81	16.5	110.6	16.5	109.26	16.5	107.86
17	102.53	17	103.37	17	106.95	17	110.74	17	109.47	17	108.14
17.5	102.53	17.5	103.51	17.5	107.16	17.5	111.09	17.5	109.61	17.5	108.28
18	102.53	18	103.51	18	107.23	18	111.3	18	109.82	18	108.42
18.5	102.53	18.5	103.58	18.5	107.3	18.5	111.58	18.5	109.96	18.5	108.56
19	102.53	19	103.65	19	107.51	19	111.86	19	110.1	19	108.7
19.5	102.53	19.5	103.72	19.5	107.58	19.5	112.14	19.5	110.31	19.5	108.91
20	102.6	20	103.79	20	107.72	20	112.35	20	110.46	20	109.05

附表 8-2　第二组实验:温度 23℃

第二组实验		温度(℃)：		23							
第一次实验		第二次实验		第三次实验		第四次实验		第五次实验		第六次实验	
3% H_2O_2: 10mL		3% H_2O_2: 10mL		3% H_2O_2: 10mL		3% H_2O_2: 10mL		3% H_2O_2: 10mL		3% H_2O_2: 10mL	
NaOH 0 滴		NaOH 1 滴		NaOH 3 滴		NaOH 6 滴		NaOH 12 滴		NaOH 20 滴	
pH 值 2.94		pH 值 6.90		pH 值 9.40		pH 值 9.67		pH 值 10.39		pH 值 11.2	
时间(s)	气压(kPa)	时间(s)	气压(kPa)	时间(s)	气压(kPa)	时间(s)	气压(kPa)	时间(s)	气压(kPa)	时间(s)	气压(kPa)
t	p	t	p	t	p	t	p	t	p	t	p
0	104.09	0	104.23	0	104.23	0	104.3	0	104.3	0	104.3
0.5	104.09	0.5	104.23	0.5	104.23	0.5	104.23	0.5	104.3	0.5	104.37
1	104.09	1	104.23	1	104.23	1	104.23	1	104.3	1	104.3
1.5	104.16	1.5	104.23	1.5	104.23	1.5	104.23	1.5	104.65	1.5	104.3
2	104.09	2	104.3	2	104.23	2	104.23	2	104.93	2	104.3
2.5	104.16	2.5	104.44	2.5	104.79	2.5	104.44	2.5	105.21	2.5	104.3
3	104.16	3	104.65	3	105.35	3	104.86	3	105.56	3	104.65
3.5	104.09	3.5	104.79	3.5	105.84	3.5	105.14	3.5	105.7	3.5	105.14

续表

第二组实验	温度(℃):	23									
第一次实验		第二次实验		第三次实验		第四次实验		第五次实验		第六次实验	
3% H_2O_2: 10mL		3% H_2O_2: 10mL		3% H_2O_2: 10mL		3% H_2O_2: 10mL		3% H_2O_2: 10mL		3% H_2O_2: 10mL	
NaOH 0 滴		NaOH 1 滴		NaOH 3 滴		NaOH 6 滴		NaOH 12 滴		NaOH 20 滴	
pH 值 2.94		pH 值 6.90		pH 值 9.40		pH 值 9.67		pH 值 10.39		pH 值 11.2	
时间(s)	气压(kPa)	时间(s)	气压(kPa)	时间(s)	气压(kPa)	时间(s)	气压(kPa)	时间(s)	气压(kPa)	时间(s)	气压(kPa)
t	p	t	p	t	p	t	p	t	p	t	p
4	104.16	4	104.93	4	106.19	4	105.42	4	106.05	4	105.49
4.5	104.09	4.5	105.21	4.5	106.55	4.5	105.7	4.5	106.19	4.5	105.91
5	104.09	5	105.28	5	106.97	5	105.98	5	106.4	5	106.19
5.5	104.16	5.5	105.56	5.5	107.32	5.5	106.26	5.5	106.69	5.5	106.69
6	104.16	6	105.7	6	107.67	6	106.55	6	106.97	6	106.97
6.5	104.16	6.5	105.77	6.5	107.95	6.5	106.83	6.5	107.25	6.5	107.39
7	104.23	7	106.05	7	108.3	7	106.97	7	107.53	7	107.74
7.5	104.16	7.5	106.19	7.5	108.72	7.5	107.25	7.5	107.74	7.5	107.95
8	104.23	8	106.33	8	109.07	8	107.46	8	108.02	8	108.37
8.5	104.23	8.5	106.48	8.5	109.42	8.5	107.67	8.5	108.3	8.5	108.72
9	104.23	9	106.62	9	109.77	9	107.88	9	108.58	9	109.07
9.5	104.23	9.5	106.69	9.5	110.12	9.5	108.16	9.5	108.86	9.5	109.42
10	104.37	10	106.83	10	110.33	10	108.3	10	109.07	10	109.77
10.5	104.3	10.5	106.9	10.5	110.61	10.5	108.51	10.5	109.35	10.5	110.12
11	104.37	11	107.11	11	110.82	11	108.72	11	109.56	11	110.4
11.5	104.44	11.5	107.25	11.5	111.03	11.5	109	11.5	109.84	11.5	110.75
12	104.44	12	107.32	12	111.17	12	109.28	12	110.12	12	111.03
12.5	104.44	12.5	107.6	12.5	111.31	12.5	109.49	12.5	110.26	12.5	111.38
13	104.51	13	107.67	13	111.52	13	109.63	13	110.54	13	111.67
13.5	104.51	13.5	107.74	13.5	111.6	13.5	109.91	13.5	110.75	13.5	111.88
14	104.51	14	107.88	14	111.67	14	110.05	14	111.03	14	112.23
14.5	104.51	14.5	107.95	14.5	111.81	14.5	110.26	14.5	111.24	14.5	112.44
15	104.58	15	108.02	15	111.88	15	110.47	15	111.52	15	112.79
15.5	104.65	15.5	108.09	15.5	111.95	15.5	110.61	15.5	111.74	15.5	113
16	104.65	16	108.23	16	112.02	16	110.75	16	111.95	16	113.35
16.5	104.65	16.5	108.16	16.5	111.95	16.5	111.03	16.5	112.16	16.5	113.63
17	104.65	17	108.23	17	112.02	17	111.17	17	112.37	17	113.84
17.5	104.65	17.5	108.3	17.5	112.09	17.5	111.38	17.5	112.72	17.5	114.05
18	104.65	18	108.23	18	112.09	18	111.52	18	112.86	18	114.4
18.5	104.65	18.5	108.37	18.5	112.16	18.5	111.74	18.5	113	18.5	114.61
19	104.65	19	108.37	19	112.09	19	111.88	19	113.28	19	114.82
19.5	104.72	19.5	108.51	19.5	112.09	19.5	112.02	19.5	113.42	19.5	115.03
20	104.79	20	108.51	20	112.16	20	112.23	20	113.7	20	115.24

附表 8-3　第三组实验:温度 30℃

第三组实验	温度(℃)：	30									
第一次实验		第二次实验		第三次实验		第四次实验		第五次实验		第六次实验	
3% H_2O_2:10mL		3% H_2O_2:10mL		3% H_2O_2:10mL		3% H_2O_2:10mL		3% H_2O_2:10mL		3% H_2O_2:10mL	
NaOH	0 滴	NaOH	2 滴	NaOH	4 滴	NaOH	8 滴	NaOH	15 滴	NaOH	24 滴
pH 值	2.50	pH 值	7.98	pH 值	8.79	pH 值	10.10	pH 值	10.53	pH 值	10.98
时间(s)	气压(kPa)	时间(s)	气压(kPa)	时间(s)	气压(kPa)	时间(s)	气压(kPa)	时间(s)	气压(kPa)	时间(s)	气压(kPa)
t	p	t	p	t	p	t	p	t	p	t	p
0	104.3	0	104.37	0	104.44	0	104.44	0	104.44	0	104.44
0.5	104.3	0.5	104.37	0.5	104.44	0.5	104.44	0.5	104.44	0.5	104.44
1	104.3	1	104.37	1	104.44	1	104.37	1	104.44	1	104.37
1.5	104.3	1.5	104.37	1.5	104.44	1.5	104.44	1.5	104.44	1.5	104.37
2	104.3	2	104.3	2	104.44	2	104.44	2	104.44	2	104.44
2.5	104.3	2.5	104.37	2.5	104.51	2.5	104.44	2.5	104.65	2.5	104.37
3	104.37	3	104.93	3	105.14	3	104.51	3	105	3	104.44
3.5	104.51	3.5	105.49	3.5	105.63	3.5	104.86	3.5	105.28	3.5	104.44
4	104.65	4	105.98	4	106.19	4	105.21	4	105.56	4	104.72
4.5	104.72	4.5	106.48	4.5	106.76	4.5	105.42	4.5	105.77	4.5	104.93
5	104.86	5	106.83	5	107.32	5	105.77	5	106.12	5	105.14
5.5	105.07	5.5	107.04	5.5	107.74	5.5	105.98	5.5	106.33	5.5	105.35
6	105.21	6	107.39	6	108.16	6	106.12	6	106.62	6	105.56
6.5	105.28	6.5	107.6	6.5	108.58	6.5	106.4	6.5	106.83	6.5	105.63
7	105.35	7	107.81	7	108.93	7	106.62	7	107.11	7	105.77
7.5	105.42	7.5	108.02	7.5	109.42	7.5	106.83	7.5	107.32	7.5	106.05
8	105.56	8	108.23	8	109.77	8	107.11	8	107.6	8	106.19
8.5	105.63	8.5	108.44	8.5	110.19	8.5	107.25	8.5	107.88	8.5	106.4
9	105.77	9	108.58	9	110.4	9	107.53	9	108.16	9	106.62
9.5	105.84	9.5	108.72	9.5	110.68	9.5	107.81	9.5	108.44	9.5	106.83
10	105.91	10	108.72	10	111.03	10	108.02	10	108.72	10	107.11
10.5	105.98	10.5	108.86	10.5	111.45	10.5	108.23	10.5	108.93	10.5	107.25
11	106.12	11	109	11	111.81	11	108.58	11	109.21	11	107.53
11.5	106.12	11.5	109.14	11.5	112.09	11.5	108.79	11.5	109.56	11.5	107.74
12	106.19	12	109.21	12	112.44	12	109.14	12	109.84	12	107.88
12.5	106.26	12.5	109.28	12.5	112.65	12.5	109.35	12.5	110.05	12.5	108.16
13	106.33	13	109.35	13	113	13	109.63	13	110.26	13	108.3
13.5	106.48	13.5	109.42	13.5	113.21	13.5	109.91	13.5	110.54	13.5	108.58
14	106.48	14	109.49	14	113.42	14	110.12	14	110.75	14	108.72
14.5	106.62	14.5	109.49	14.5	113.7	14.5	110.33	14.5	110.96	14.5	109
15	106.69	15	109.56	15	113.98	15	110.54	15	111.1	15	109.14
15.5	106.76	15.5	109.56	15.5	114.26	15.5	110.75	15.5	111.31	15.5	109.35
16	106.83	16	109.63	16	114.54	16	110.96	16	111.52	16	109.56

续表

第三组实验		温度(℃)：		30							
第一次实验		第二次实验		第三次实验		第四次实验		第五次实验		第六次实验	
3% H$_2$O$_2$：10mL		3% H$_2$O$_2$：10mL		3% H$_2$O$_2$：10mL		3% H$_2$O$_2$：10mL		3% H$_2$O$_2$：10mL		3% H$_2$O$_2$：10mL	
NaOH 0滴		NaOH 2滴		NaOH 4滴		NaOH 8滴		NaOH 15滴		NaOH 24滴	
pH值 2.50		pH值 7.98		pH值 8.79		pH值 10.10		pH值 10.53		pH值 10.98	
时间(s)	气压(kPa)	时间(s)	气压(kPa)	时间(s)	气压(kPa)	时间(s)	气压(kPa)	时间(s)	气压(kPa)	时间(s)	气压(kPa)
t	p	t	p	t	p	t	p	t	p	t	p
16.5	106.9	16.5	109.56	16.5	114.68	16.5	111.17	16.5	111.67	16.5	109.7
17	106.97	17	109.56	17	115.03	17	111.31	17	111.81	17	109.91
17.5	107.04	17.5	109.56	17.5	115.24	17.5	111.52	17.5	112.09	17.5	110.12
18	107.11	18	109.56	18	115.45	18	111.74	18	112.16	18	110.26
18.5	107.25	18.5	109.63	18.5	115.59	18.5	111.88	18.5	112.3	18.5	110.47
19	107.25	19	109.63	19	115.8	19	112.09	19	112.44	19	110.61
19.5	107.39	19.5	109.63	19.5	116.01	19.5	112.3	19.5	112.3	19.5	110.68
20	107.39	20	109.63	20	116.22	20	112.44	20	112.79	20	110.75

附表8-4 第四组实验：温度37℃

第四组实验		温度(℃)：		37							
第一次实验		第二次实验		第三次实验		第四次实验		第五次实验		第六次实验	
3% H$_2$O$_2$：10mL		3% H$_2$O$_2$：10mL		3% H$_2$O$_2$：10mL		3% H$_2$O$_2$：10mL		3% H$_2$O$_2$：10mL		3% H$_2$O$_2$：10mL	
NaOH 0滴		NaOH 1滴		NaOH 3滴		NaOH 8滴		NaOH 15滴		NaOH 24滴	
pH值 2.44		pH值 8.33		pH值 9.62		pH值 9.94		pH值 10.61		pH值 10.89	
时间(s)	气压(kPa)	时间(s)	气压(kPa)	时间(s)	气压(kPa)	时间(s)	气压(kPa)	时间(s)	气压(kPa)	时间(s)	气压(kPa)
t	p	t	p	t	p	t	p	t	p	t	p
0	104.44	0	104.51	0	104.65	0	104.65	0	104.65	0	104.65
0.5	104.51	0.5	104.44	0.5	104.58	0.5	104.65	0.5	104.58	0.5	104.65
1	104.58	1	104.51	1	104.58	1	104.65	1	104.58	1	104.65
1.5	104.51	1.5	104.51	1.5	104.51	1.5	104.51	1.5	104.58	1.5	104.65
2	104.51	2	104.51	2	104.65	2	104.86	2	104.65	2	104.58
2.5	104.51	2.5	104.51	2.5	104.58	2.5	105.21	2.5	104.65	2.5	104.65
3	104.65	3	104.72	3	104.86	3	105.63	3	104.65	3	104.86
3.5	104.72	3.5	105	3.5	105.56	3.5	105.84	3.5	104.58	3.5	105.28
4	104.93	4	105.28	4	106.12	4	106.19	4	104.65	4	105.56
4.5	105	4.5	105.56	4.5	106.69	4.5	106.55	4.5	104.65	4.5	105.7
5	105.21	5	105.91	5	107.18	5	106.76	5	104.65	5	105.84

续表

第四组实验		温度(℃)：		37							
第一次实验		第二次实验		第三次实验		第四次实验		第五次实验		第六次实验	
3% H_2O_2: 10mL		3% H_2O_2: 10mL		3% H_2O_2: 10mL		3% H_2O_2: 10mL		3% H_2O_2: 10mL		3% H_2O_2: 10mL	
NaOH 0 滴		NaOH 1 滴		NaOH 3 滴		NaOH 8 滴		NaOH 15 滴		NaOH 24 滴	
pH 值 2.44		pH 值 8.33		pH 值 9.62		pH 值 9.94		pH 值 10.61		pH 值 10.89	
时间(s)	气压(kPa)	时间(s)	气压(kPa)	时间(s)	气压(kPa)	时间(s)	气压(kPa)	时间(s)	气压(kPa)	时间(s)	气压(kPa)
t	p	t	p	t	p	t	p	t	p	t	p
5.5	105.42	5.5	106.19	5.5	107.67	5.5	107.04	5.5	104.65	5.5	106.12
6	105.63	6	106.4	6	108.16	6	107.32	6	104.72	6	106.4
6.5	105.84	6.5	106.62	6.5	108.58	6.5	107.74	6.5	104.79	6.5	106.76
7	106.12	7	106.9	7	109	7	108.09	7	104.86	7	107.04
7.5	106.19	7.5	107.11	7.5	109.42	7.5	108.3	7.5	104.86	7.5	107.32
8	106.26	8	107.39	8	109.77	8	108.58	8	105.14	8	107.6
8.5	106.4	8.5	107.6	8.5	110.19	8.5	108.86	8.5	105.42	8.5	107.95
9	106.48	9	107.88	9	110.61	9	109.14	9	105.77	9	108.37
9.5	106.69	9.5	108.02	9.5	110.96	9.5	109.42	9.5	106.05	9.5	108.79
10	106.76	10	108.23	10	111.31	10	109.63	10	106.48	10	109.14
10.5	106.9	10.5	108.3	10.5	111.52	10.5	109.84	10.5	106.9	10.5	109.49
11	107.04	11	108.44	11	111.95	11	109.98	11	107.32	11	109.7
11.5	107.18	11.5	108.58	11.5	112.3	11.5	110.19	11.5	107.74	11.5	110.12
12	107.32	12	108.72	12	112.65	12	110.47	12	108.02	12	110.33
12.5	107.46	12.5	108.93	12.5	112.93	12.5	110.75	12.5	108.3	12.5	110.61
13	107.6	13	109.14	13	113.28	13	110.96	13	108.58	13	110.89
13.5	107.81	13.5	109.21	13.5	113.56	13.5	111.24	13.5	108.79	13.5	111.1
14	108.02	14	109.35	14	113.77	14	111.52	14	109	14	111.38
14.5	108.09	14.5	109.49	14.5	113.91	14.5	111.74	14.5	109.35	14.5	111.52
15	108.3	15	109.56	15	114.05	15	111.95	15	109.49	15	111.74
15.5	108.37	15.5	109.77	15.5	114.4	15.5	112.16	15.5	109.7	15.5	111.88
16	108.58	16	109.91	16	114.68	16	112.23	16	109.91	16	112.09
16.5	108.79	16.5	110.05	16.5	114.89	16.5	112.44	16.5	110.12	16.5	112.3
17	108.86	17	110.12	17	115.17	17	112.72	17	110.26	17	112.44
17.5	109	17.5	110.26	17.5	115.31	17.5	112.93	17.5	110.47	17.5	112.65
18	109.14	18	110.33	18	115.45	18	113.07	18	110.75	18	112.79
18.5	109.28	18.5	110.47	18.5	115.66	18.5	113.28	18.5	110.96	18.5	112.79
19	109.49	19	110.61	19	115.87	19	113.42	19	111.1	19	113
19.5	109.56	19.5	110.68			19.5	113.56	19.5	111.31	19.5	113.14
20	109.63	20	110.75	20	116.29	20	113.7	20	111.52	20	113.35

9. 归纳结论

1. 地球对人口数量的承载能力是多少?
   (1) 在当前情形下,确定并分析你认为对限制地球人口承载力的主要因素.
   (2) 使用数学建模来确定在当前情形和技术下,地球对人口的承载能力.
   (3) 在可预期的未来,人类在实际生活中能够做些什么来提高地球对人口的承载能力?
   尝试撰写一篇完整的论文报告,并与同学交流分享.

---------------------------------- **解答** ----------------------------------

解答者:上海市实验学校 高一(6)班
郭唯杰、陈俊奇、陈平、赵佳逸

基于资源评估的地球环境承载力探究

摘要

地球还可以承载多少人口? 随着人口和人均资源消费量以前所未有的速度增长,这个问题引起了全球的广泛关注. 在本文中,我们分析了有关地球承载能力的因素,并提出了切实可行的建议来缓解该问题.

我们首先建立一个基于资源的模型来确定地球的承载能力. 我们对地球承载力做出定义,并选择了 4 种资源:食物、林木、水资源和能源,随后通过相关性分析确认它们与人口的联系. 通过分别计算这些资源的再生量和消耗量,发现限制最大的是水资源,为 158.8 亿人.

第二个模型进一步考虑资源的利用. 使用指数曲线拟合,我们发现当前的化石燃料储量只能维持约 49.8 年的使用,而可再生能源比重增速过低. 我们采用逻辑斯蒂模型,在全球采取共同行动的前提下,解决可再生能源比例与时间的关系,得出最佳的情况为 3 年内开始过渡. 最后,我们提出一种资源分配模型,利用矩阵和递归算法使运输成本最小化,并获得理想的人口分布.

我们比较现实情况与模型结果之间的差异,并给出一些宏观的建议.

关键词:地球环境承载力 资源分配模型 相关性分析 递归算法

1. 引言

1.1 研究背景

在过去的数个世纪中,人类在科技方面的进展超过了之前千百年间所有成就的总和.科技在各个方面重塑了人类社会,个人生活更为便利,各大产业蓬勃发展.然而,社会与环境的种种问题随之而来.

在这些问题中便有资源短缺的问题.全球人口增长率在 1965～1970 年间达到了每年 2.1% 的峰值,大约是工业革命前的 50 倍.然而,单单近一个世纪的能源消耗量却增长了近 100 倍.资源短缺也是当下中国的基本国情之一.由此产生了地球环境承载力的概念,即在一定条件下某区域可无限期承载的最大人口.

然而,地球环境承载力的数值有广泛的争议.由于对承载力理解以及方法运用上的差异,预测值差异巨大,在 10 亿到 10000 亿之间浮动.随着地球的人口逐渐接近这些预测中的中位值,一个更为精确的预测值对于人类未来规划将会大有裨益.

1.2 研究现状

正如研究背景中提到的,现在存在众多方法来计算地球的环境承载力.然而,由于该命题涵盖的范围较广,相关的综合性研究却较少.

部分方法具有确定性、静态性的特征,因为它们只考虑一个因素,使得难以针对现实情况的变化进行调整.例如部分研究仅以发达国家或发展中国家的生活水平进行评估,或仅对单一因素进行拟合.

在 20 世纪 70 年代,随着计算机技术的发展,来自 MIT 的研究团队开始采用系统动力学来模拟各因素之间的相互影响,而近期的研究采用了类似但更为复杂的研究方法.

2. 基于资源的环境承载力评估

该模型通过资源的视角对地球的环境承载力进行评估.

我们首先将环境承载力定义为一个反映地球资源的可持续性的理论值而非对地球未来人口的预测,同时讨论了模型的整体思路,即比较各因素的消耗与再生.我们也解释了使用线性拟合的理由.

我们选取了食物、林木、水资源和能源四个因素.通过相关性分析,我们确定了它们对于人口的限制.在进一步的分析中,我们对各因素进行了不同的处理,计算它们对于环境承载力的影响.

最后,我们综合了各种结论,得出了最终的结论是水资源的限制是最大的,为 158.8 亿人.

2.1 模型假设

(1) 不考虑资源的不平衡分布.

该模型基于资源的可用量.由于环境承载力是在一定条件下的最大理论人口,我们假定所有人得到平均而充足的资源使用权.

(2) 不考虑个体生活情况.

我们不考虑个体的生活状态,只要人类基本的资源需求被满足即可.

(3) 地球的可居住土地分为森林、农业用地和城市用地.

2.2 变量表

答表 9-1 变量表

符号	定义
A_i	资源量
I	对环境的影响
P	人口
a	个人平均消耗量
T	科技因素
R_i	资源的再生量
C_i	资源的消耗量
u	水资源利用率
g_i	产业产值
b	每 GDP 的水资源消耗量
c	生活用水量
S_i	土地利用面积
d	树木密度
s	树木横截面面积
h	树木高度
t	树木的生长期

2.3 模型准备

首先,我们对环境承载力进行定义.环境承载力并非地球未来会达到的人口总数,而是一个不可逾越的红线,代表着所有资源被分配、利用到极致的情况下所能承载的最大人口.

因此,我们以资源的角度进行研究.由于环境承载力基于无限期的资源使用,各资源应当满足不等式:

$$A_{再生} \geqslant A_{消耗}$$

资源再生量包括如树木与循环利用的金属等.所有使用的数据为全球的数据,因此消耗与消耗量都代表全球平均的状态.

接着,我们参考如下的等式:

$$I = PAT$$

其中 I 为对环境的影响,P 为人口,A 为平均资源消耗量,T 为科技因素.将该等式用于资源需求的评估,因而我们主要通过线性拟合评估各因素的限制.

2.4 相关性分析

我们首先选取了四个因素:食物、林木、水资源和能源.我们对它们的消耗量与对应年份的世界人口进行线性回归.在 95% 的置信区间下,相关性系数值见答表 9-2:

答表 9-2 相关性系数值表

因素	R 值
食物	0.988
林木	0.923
水资源	0.974
能源	0.991

由此可见,各因素与人口的关系十分密切,因而它们对于环境承载力也相应地存在限制.

2.5 因素分析

2.5.1 食物

食物因素的特殊之处在于所有的产出均会转为消耗,而非被逐渐利用而总量减小.通过农业用地面积和人口的线性拟合,我们得到如下结果:

$$S_{农业} = 0.001467P + 4.375 \times 10^7$$

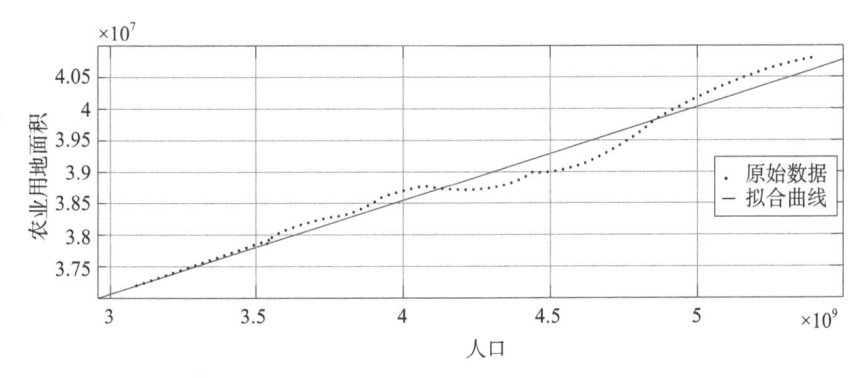

答图 9-1　农业用地面积与人口数据关系的拟合曲线

由此表明,对于每个新增加的人口,就会有额外的 0.001467 平方公里土地被开垦用于农业用途. 根据计算,得出每个新生儿可获得每天 1.38 千克的作物量. 我们认为这可以满足大部分人的生物需求.

2.5.2　林木资源

通过对木材消耗量与人口的线性拟合,可得:

$$C_{木} = 0.6009P + 4.872 \times 10^9$$

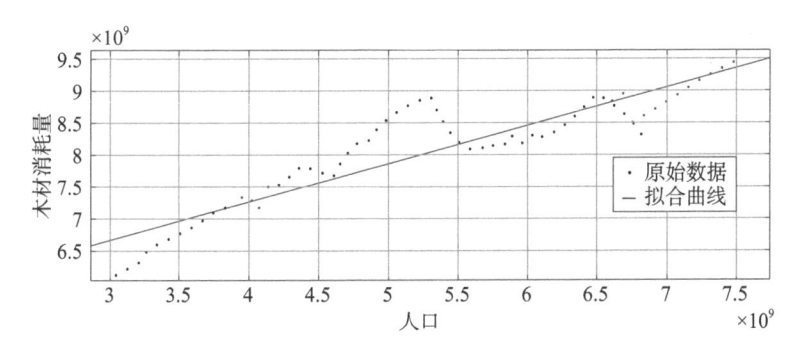

答图 9-2　木材消耗量与人口数据关系的拟合曲线

森林的再生量取决于林木面积与树木的生长速度. 由于林木用地与农业用地的总面积恒定,可得:

$$S_{林木} = 4.485 \times 10^7 - 0.001467P$$

而对于单位面积出产的木材量 V,我们考虑该等式:

$$V = \frac{dsh}{t}$$

通过商用木材数据,我们得 $t = 40, d = 514.4, s = 0.09\pi, h = 18.3$.

因此,森林的再生量为:
$$R_{林木} = 1.49 \times 10^{11} - 4.878P$$

2.5.3 水资源

除去被污染的水资源以外,水主要在水圈中不断转化而不会消失. 因此,我们考虑如下等式:
$$R_{水} = A \cdot u$$

其中 u 为水资源的利用率.

对于水资源的消耗量,我们分三大产业以及生活用水来考虑. 我们认为,第一产业耗水量关于人口总数的增长率为常数;而第二产业与第三产业通过单位 GDP 的耗水量与 GDP 的增长来计算;合并考虑居民生活用水为 $c = 0.9$(每人每年立方米). 故有:
$$C_{水} = A_1 + u_2 \cdot G_2 \cdot b_2 + u_3 \cdot G_3 \cdot b_3 + u_r Pc$$

其中 u 为水资源的利用率,G 为相应产业 GDP,b 为每 GDP 的水资源消耗量. 由于该式中只有 GDP 增长和人口直接相关,我们对它们进行拟合可得:
$$G = 6.597 \times 10^{11} \cdot e^{6.53 \times 10^{-10} P}$$

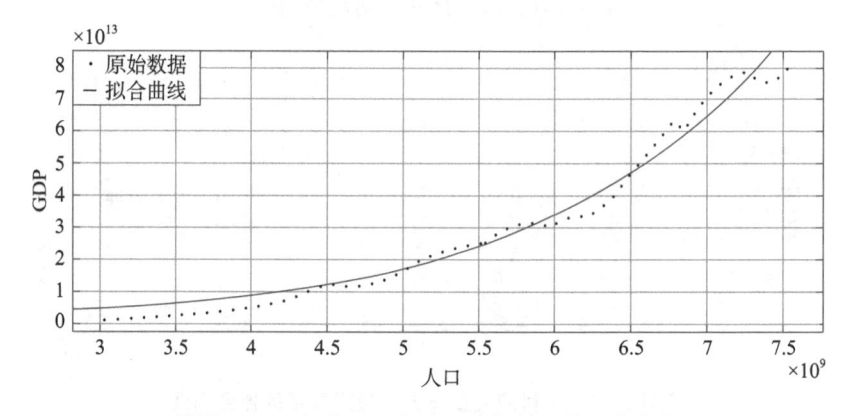

答图 9-3 全球 GDP 与人口数据关系的拟合曲线

2.5.4 能源

由于当下能源结构仍以不可再生的化石能源为主,我们转而在"能源转型与资源分配"中探究向新能源转型的策略. 此处给出能源消耗量与人口的关系:

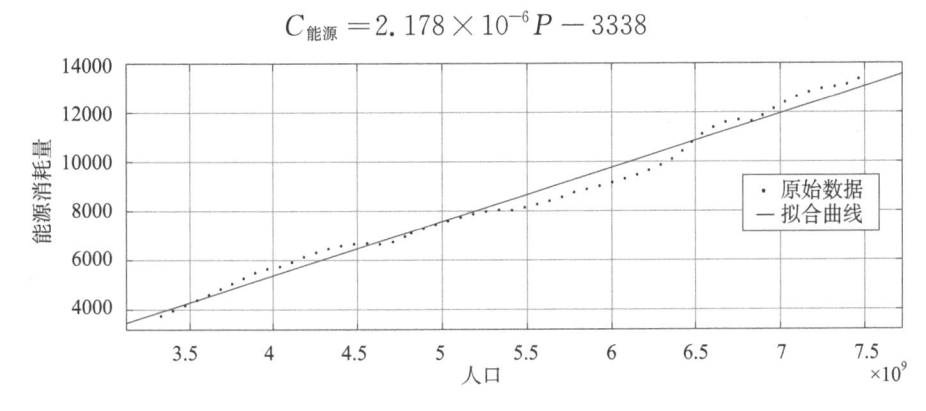

$$C_{能源} = 2.178 \times 10^{-6} P - 3338$$

答图 9-4 能源消耗量与人口数据关系的拟合曲线

2.6 结论

通过上述因素的分析,可以得出:

$$\begin{cases} 1.49 \times 10^{11} - 4.878P \geqslant 0.6009P + 4.872 \times 10^{9} \\ 6.2476 \times 10^{13} \cdot 0.9 \geqslant 1.6705P + 0.1 \cdot \dfrac{0.2 \cdot 6.597 \times 10^{11} \times e^{6.53 \times 10^{-10} P} \cdot 1334}{10000} + 0.9 \cdot 0.9P \end{cases}$$

我们计算得到林木循环限制人口上限为 2.63×10^{10},而水资源循环限制人口上限为 1.588×10^{10}.因此可解得,最大的限制是水资源,为 158.8 亿人.

除了这里的林木与水资源以外,食物因素通过总面积影响林木资源限制;而能源需要转为可再生能源以实现无限期的发展.具体的转化会在"能源转型与资源分配"中阐述.

3. 能源转型与资源分配

3.1 模型假设

(1) 不考虑未发现的能源储备.

尽管每年均有新的能源产地被发现,这些产地的能源质量与开发程度均不固定,也不能保证这样的发现可以无限期发生,因此我们忽略该因素.

(2) 能源的使用量呈指数级增长.

由于该模型考虑未来的能源结构转型,我们对科技因素加以考虑,因而选择指数关系.

(3) 所生产的资源量即所消耗的资源量.

3.2 变量表

答表 9-3 变量表

符号	定义
t	年份,以 1960 年为 0
E_f	化石能源产量
E_{rp}	新能源比重
c_i	运输成本
r	发展速度系数
D	各大洲距离矩阵
P	人口比重矩阵
F	资源产出矩阵
N	资源需求矩阵
D'	简化的距离矩阵
T	运输量矩阵

3.3 能源转型

3.3.1 目前使用的能源情况

上文中提到为了能源的无限期使用,必须实现化石能源向可再生能源的转型. 我们首先对当下的能源使用进行评估.

我们首先对能源消耗量与人口增长进行指数拟合. 我们得到:

$$E_f = 1.506 \times 10^{12} \cdot e^{2.773 \times 10^{-10}(8.062 \times 10^7 t + 2.907 \times 10^9)}$$

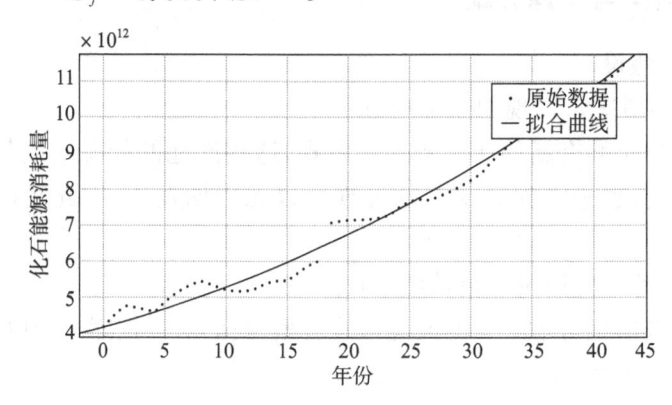

答图 9-5 化石能源消耗量与年份数据关系的拟合曲线

通过现有的化石能源储量可得:

$$\int_{59}^{t} E_f = 1.2 \times 10^{15}$$

解得 $t=95.71$,代表按现在的能源使用状态,化石能源将会于 36.44 年后枯竭. 然而,通过对新能源比重与时间的拟合,可以发现目前新能源占比在 10 年内远远难以达到 10%,其增长速度远不能满足未来的能源需求.

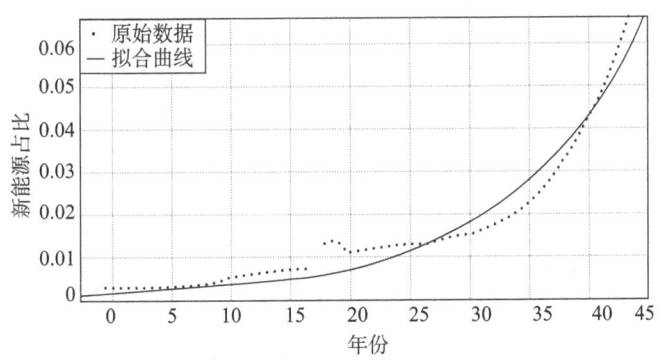

答图 9-6 新能源占比与年份数据关系的拟合曲线

3.3.2 逻辑斯蒂模型

在该模型中,我们通过逻辑斯蒂模型探求合理的向新能源转变的策略.

逻辑斯蒂模型描述的是一个趋向于某特定的值的增长. 它的主要性质是增长率随着自变量而变化,可通过下式来描述:

$$\frac{dE_{fr}}{dt} = r(1-E_{fr})E_{fr}$$

变形可得:

$$E_{fr}(t) = \frac{E_0}{E_0 + (1-E_0)e^{-r(t-t_0)}}$$

其中 E_0 为开始转型时的新能源比重,t_0 为起始时间,r 为发展速度系数. 我们考虑下式:

$$\int_{59}^{+\infty} E_{能源} - \int_{59}^{+\infty} E_{fr} = 3 \times 10^{12}$$

计算得最佳的转型开始时间为 3 年,而速度系数 $r=25.91$. 这揭示出了进行国际统一能源转型的紧迫性.

3.4 资源分配模型

在该模型中，我们对资源的分配进行分析. 我们考虑食物与林木资源两个主导因素，并通过最小化资源调配成本来实现环境承载力的最大化.

我们将世界分为各大洲，除去人口稀疏的南极洲，考虑各大洲的人口与资源产量的不均衡，寻求一个资源运输的最优化方案. 我们用各大洲的地理中心位置代表其位置，以矩阵 D 表示：

$$D = \begin{pmatrix} 0 & 5896 & 11698 & 8131 & 8321 & 12937 \\ 5896 & 0 & 7473 & 10844 & 4503 & 13503 \\ 11698 & 7473 & 0 & 8318 & 9774 & 14688 \\ 8131 & 10844 & 8318 & 0 & 15318 & 15309 \\ 8321 & 4503 & 9774 & 15318 & 0 & 9067 \\ 12937 & 13503 & 14688 & 15309 & 9067 & 0 \end{pmatrix}$$

1~6 行与列分别代表非洲、欧洲、北美洲、南美洲、亚洲与大洋洲与其他洲的距离. 同时我们考虑各洲的人口占比与小麦生产占比：

$P = (0.168482 \quad 0.097887 \quad 0.047894 \quad 0.085159 \quad 0.595197 \quad 0.005380)$

$F = (0.051240 \quad 0.113764 \quad 0.249789 \quad 0.116873 \quad 0.411415 \quad 0.056920)$

P 为各洲人口比重，代表资源的消耗量；F 为各洲资源产出，代表资源的生产量. 对矩阵作差，我们得到各洲对于资源调配的需求：

$N = (0.117242 \ -0.015876 \ -0.201895 \ -0.0317130.183783 \ -0.051540)$

我们希望得到一个最小化运输费用（由运输距离与运输量决定）的运输量矩阵. 然而，单纯的枚举复杂度过高，无法高效地解决该问题. 因此，我们使用递归算法简化该问题.

3.4.1 递归算法

首先，我们对矩阵进行简化. 我们根据各洲需求的差异，考虑洲际出口方向，将 D 简化为：

$$D' = \begin{pmatrix} 11698 & 8131 & 5896 & 12937 \\ 9774 & 15318 & 4503 & 9067 \end{pmatrix}$$

我们同时也对 N 中的元素取绝对值. 算法流程图如答图 9-7 所示：流程图是以循环形式展现的递归算法，其中阴影部分代表递归过程.

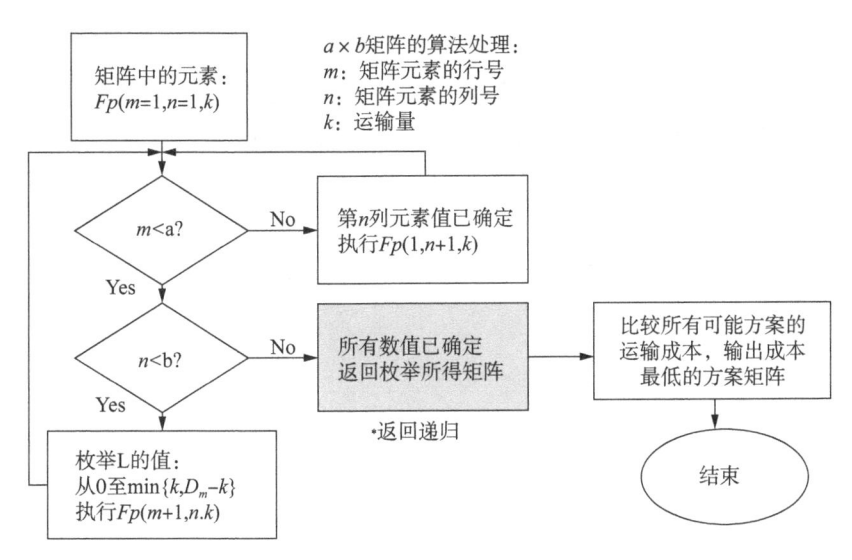

答图 9-7 算法流程图

3.4.2 模型应用

通过应用该模型,我们可以得到目前最优的运输量矩阵 T_c:

$$T_c = \begin{pmatrix} 9 & 2 & 8 & 7 \\ 0 & 0 & 3 & 1 \end{pmatrix}$$

由于该矩阵只含有标准化后的值,它本身并无意义. 我们考虑总运输费用 c,用下式表示:

$$c = \sum_i \sum_j T_{ij} D_{ij}$$

因此可得 $c = 326485$.

同时,我们也对未来的情况应用该模型. 我们将人口分布变为待求矩阵,得到以下结果:

答表 9-4 人口分布矩阵求解后人口比重表

	目前人口比重	未来人口比重
非洲	16.36%	26%
欧洲	9.94%	6%
北美洲	7.79%	11%
南美洲	5.68%	16%
亚洲	59.69%	33%
大洋洲	0.54%	8%
运输费用 c	324685	224185

通过最小化运输量,可以更好地综合利用各资源,减小地区间资源使用的差异. 从表中可以看出,如南美洲、非洲与大洋洲的资源丰富地区应当更好地利用当地资源;发达的北美洲地区应当刺激地区人口增长;亚洲的发展中国家应当控制人口增长;过度依赖进口的欧洲应当适度控制人口.

尽管这样的人口分布较为理想化,但上述的宏观结论仍具有一定的现实意义.

4. 结论

水资源对地球环境承载力的限制最大,为 158.8 亿人.

目前的化石能源储备将在 36 年后枯竭.

最理想的能源结构变化应在 3 年内开始.

理想人口分布与现实之间有较大差距,可在资源利用方面做出相应的调整.

5. 总结与展望

本论文从资源及资源分配角度探究了地球环境承载力问题. 我们从承载力的定义出发,得到了理想情况下的地球环境承载力以及资源的分配,取得了较好的结果.

本文也存在部分局限性. 由于所设情景的理想化,部分数据对现实的指导作用较弱,经济等因素的缺失使得运输相关的分析并不全面,因此只能给出相对宏观的结论与指导方法. 在未来的研究中可以考虑加入更多的因素来增强结论的现实性.

6. 参考文献

[1] Cohen J E. Population growth and earth's human carrying capacity[J]. Science,1995,269(5222):341-346.

图书在版编目(CIP)数据

中学数学建模思维导学 / 陈珺珺著. — 上海：上海社会科学院出版社，2023
 ISBN 978 - 7 - 5520 - 4119 - 4

Ⅰ.①中… Ⅱ.①陈… Ⅲ.①中学数学课—高中—教学参考资料 Ⅳ.①G634.603

中国国家版本馆 CIP 数据核字(2023)第 072174 号

中学数学建模思维导学

著　　者：	陈珺珺
责任编辑：	路　晓
封面设计：	徐　蓉
出版发行：	上海社会科学院出版社
	上海顺昌路 622 号　邮编 200025
	电话总机 021-63315947　销售热线 021-53063735
	http://www.sassp.cn　E-mail:sassp@sassp.cn
照　　排：	北京林海泓业文化有限公司
印　　刷：	苏州市古得堡数码印刷有限公司
开　　本：	710 毫米×1010 毫米　1/16
印　　张：	8.25
字　　数：	125 千
版　　次：	2023 年 5 月第 1 版　2023 年 5 月第 1 次印刷

ISBN 978-7-5520-4119-4/G·1254　　　　　　　定价:46.00 元

版权所有　翻印必究